AF364317

INSCRITOS EN EL LIBRO DE LA MUERTE

ExLibric

JOSÉ CALDERERO DE ALDECOA

INSCRITOS EN EL LIBRO
DE LA MUERTE

EXLIBRIC

ANTEQUERA 2020

INSCRITOS EN EL LIBRO DE LA MUERTE
© José Calderero de Aldecoa
Diseño de portada: Dpto. de Diseño Gráfico Exlibric

Iª edición

© ExLibric, 2020.

Editado por: ExLibric
c/ Cueva de Viera, 2, Local 3
Centro Negocios CADI
29200 Antequera (Málaga)
Teléfono: 952 70 60 04
Fax: 952 84 55 03
Correo electrónico: exlibric@exlibric.com
Internet: www.exlibric.com

Reservados todos los derechos de publicación en cualquier idioma.

Según el Código Penal vigente ninguna parte de este o
cualquier otro libro puede ser reproducida, grabada en alguno
de los sistemas de almacenamiento existentes o transmitida
por cualquier procedimiento, ya sea electrónico, mecánico,
reprográfico, magnético o cualquier otro, sin autorización
previa y por escrito de EXLIBRIC;
su contenido está protegido por la Ley vigente que establece
penas de prisión y/o multas a quienes intencionadamente
reprodujeren o plagiaren, en todo o en parte, una obra literaria,
artística o científica.

ISBN: 978-84-18470-09-7
Depósito Legal: MA-1058-2020

Nota de la editorial: ExLibric pertenece a Innovación y Cualificación S. L.

JOSÉ CALDERERO DE ALDECOA

INSCRITOS EN EL LIBRO
DE LA MUERTE

Índice

Índice

Introducción

Áxel estaba con el balón en el patio de su casa. Ese día no había ido al colegio porque se encontraba mal. De pronto, el ruido de una motocicleta rompió la típica calma de un día laborable. Sobre ella viajaban dos jóvenes, sicarios de la Mara Salvatrucha. El conductor se detuvo en la casa contigua. No apagó el motor. El acompañante se bajó, sacó una metralleta y, sin mediar palabra, comenzó a disparar. El niño, de tan solo diez años, fue testigo de todo y a partir de entonces no volvió a ser el mismo.

Poco tiempo después su padre, Osman Monterroso, también tuvo un encuentro con los asesinos a sueldo de la banda criminal. Fue él mismo quien pidió audiencia a los sicarios para tratar de averiguar por qué habían obligado a su jefe a despedirlo. Pero la respuesta de uno de los jefes de la mara fue más una sentencia de muerte que otra cosa:

«Mira, semejante hijo de la gran puta, deja de andar averiguando mierdas. Anoche no le mataron con su familia, pero hoy soy yo el que lo voy a matar. Hijo de puta. Y no le digo a Nascat que lo mate ahora mismo porque me voy a dar el gusto de matarlo yo mismo junto con toda su familia. Así que usted y su familia, hijo de puta, ya están inscritos en el libro negro».

Osman se quedó en *shock*. La mara quería que lo despidieran y ahora encima querían matarle junto con su familia. Pero ¿por qué?

Capítulo 1
Mi primer encuentro con la muerte

Osman Monterroso tenía solo seis meses cuando su padre se fue de casa. Como su madre no podía mantener al niño, lo dejó al cuidado de los abuelos paternos, que no cobraban ningún tipo de pensión[1] y sobrevivían gracias a la venta ambulante.

Para ayudar en el sustento familiar, Osman empezó a trabajar siendo todavía un niño. Con tan solo siete años, después de salir del colegio, cargaba sobre sus hombros la responsabilidad de llevar a casa el dinero con el que su familia salía adelante. También cargaba los productos que cocinaba su abuela: pan casero, dulces, tabletas de coco, de azúcar…, que vendía por las calles del pueblo. Era el único ingreso que entraba en casa.

A las ocho de la mañana comenzaban las clases en el colegio, que solo duraban cuatro horas. A las 12:30 comenzaba su horario laboral como comerciante, labor a la que dedicaba el mismo tiempo que había pasado en la escuela. Así se pasó los siguientes siete años de su vida y ya con catorce se graduó en la escuela y se puso a trabajar[2] de cobrador de autobuses.

1. El Instituto Hondureño de la Seguridad Social inició sus operaciones en 1962.
2. En Honduras la mayoría de edad se alcanza, al igual que en España, a los dieciocho años, pero en el país centroamericano no existe ningún impedimento legal efectivo

Osman entró como ayudante en el autobús de Lucio, un veterano conductor, que le encargó abrir y cerrar la puerta de emergencia para que los pasajeros pudieran subirse en las estaciones. En el vehículo también trabajaba Néstor (nombre ficticio por problemas de seguridad), que ejercía de cobrador.

Una pistola en el río

A los ocho días de empezar a trabajar (corría el año 1990) Osman tuvo su primera experiencia cercana a la muerte. Las lluvias torrenciales de aquellos días habían provocado el desbordamiento del río, que había anegado gran parte del pueblo. Los trabajadores de los autobuses se habían reunido y esperaban a que bajara el caudal para poder iniciar el recorrido de sus respectivas líneas. Pero la naturaleza se resistía a deponer su demostración de poderío e iban pasando las horas sin que los vehículos pudieran emprender la marcha.

Como la espera se alargaba, algunos trabajadores decidieron pasar el rato agarrados a una botella de alcohol. Otro, sin embargo, pensó que la mejor manera de divertirse mientras esperaban era disparar a los peces que poblaban las aguas, para lo que había ido a casa y se había enfundado su 22 escuadra, una pequeña pistola[3].

para el trabajo infantil. De hecho, hay miles de niños que a los siete u ocho años abandonan el colegio y se ponen a trabajar.

3. Tener armas en Honduras es ilegal, pero «en manos de la gente hay un arsenal que ya lo quisiera la policía», asegura Osman.

Después de disparar varias ráfagas contra el agua «se suponía que ya no quedaban balas en la pistola», explica Osman. También se había acabado parte del alcohol, que ya estaba haciendo estragos y eran varios los que se encontraban en estado de embriaguez.

Obnubilado por la bebida, uno de los trabajadores le pegó un puñetazo a un compañero, lo que provocó un revuelo entre todos los presentes. Néstor, que era el que portaba en ese momento la pistola, se acercó al grupo, diciendo: «Tengo ganas de matar a alguien». En ese preciso momento apareció Saúl, un chico del pueblo muy deportista, con muchas cualidades para jugar al fútbol y que, de hecho, iba a fichar por un equipo de la liga nacional. Venía de ver a su novia. «Néstor, ¿para qué vas a matar a otro? Mátame a mí, que soy tu mejor amigo», le dijo Saúl de broma. Néstor continuó con el embuste y colocó la pistola en la sien de Saúl. Osman estaba contemplando la escena en primera persona y solo unos pocos centímetros le separaban de los dos amigos.

De pronto, Néstor accionó el gatillo y un ruido seco salió de la 22 escuadra junto con una bala, la última del cargador, que atravesó la cabeza de Saúl. A pesar de ser una pistola de pequeñas dimensiones, el disparo a quemarropa levantó a más de un metro el cuerpo inerte de Saúl, que era de complexión fuerte, y se empotró contra el suelo ante la estupefacción de todos los jóvenes que allí estaban reunidos, incluido el propio Néstor.

Como el pueblo estaba en alerta por las inundaciones, el alcalde y un policía se encontraban cerca de la escena del crimen. «Fue el mismo Néstor, que estaba en estado de *shock* por lo que acababa de suceder, el que fue al alcalde a decirle que en las inmediaciones había un herido de bala», asegura Monterroso.

Alertados por el regidor, los servicios de emergencia acudieron al lugar de los hechos y se llevaron a Saúl al hospital. Por su parte, la policía arrestó a Néstor y lo mandó a la cárcel, donde solo estuvo seis meses.

Las dos familias eran muy amigas y la madre de Saúl no quiso presentar cargos, cosa que sí hizo la fiscalía. Los allegados de Néstor contrataron a uno de los mejores abogados de la zona y medio año después quedó en libertad sin cargos.

Los hermanos de Saúl no se tomaron la «broma» tan bien y buscaban a Néstor para matarlo. Lo buscaban, lo buscaban y lo buscaban, así que el que fuera compañero de trabajo de Osman y cobrador en el autobús de Lucio decidió irse a Estados Unidos, desde donde lo deportaron dos décadas después.

Matrimonio de conveniencia

En el ínterin, «mi madre se había casado con un hermano de Saúl» y cuando Néstor volvió a Honduras «enamoró a mi hermana y se casó con ella. Estaba buscando un acercamiento con la familia del que fue su mejor amigo, al que mató veinte años atrás. Como sabía de la boda de mi madre, creía que si se casaba con mi hermana todo quedaba en familia y los hermanos de Saúl dejarían de buscarle para matarle», recuerda Osman. Y funcionó. En parte por los enlaces matrimoniales y porque había pasado tanto tiempo que incluso uno de los hermanos de Saúl, Beto, había muerto de una enfermedad.

Osman no fue a la boda de su excompañero de trabajo y de su hermana. «No me parecía un chico de fiar. No me caía bien. Aquí, en España, un tatuaje puede ser un arte. En mi país no. Los tatuajes son sinónimo de delincuencia», explica. El tiempo le dio la razón.

«Mi hermana era empleada del ayuntamiento, donde llevaba doce años trabajando». Al casarse, su madre prestó dinero al nuevo matrimonio para ayudarles en su nueva vida, cosa que hacía cuando alguna de sus hijas se casaba.

Con el dinero Néstor se fue a vivir a Europa, donde encontró trabajo en un barco turístico. «Antes de partir, mi hermana cobró una indemnización de 190.000 lempiras (moneda de Honduras) por su trabajo durante más de una década en el consistorio del pueblo». Además, Néstor obligó a su mujer a contratar un seguro de vida por valor de 150.000 lempiras.

«Luego supimos que este hombre maltrataba a mi hermana y que sus planes para con ella eran macabros», asegura Osman. «Néstor quería matar a mi hermana, cobrar el seguro de vida y quedarse también con el dinero que ella había recibido del ayuntamiento», añade. En total 240.000 lempiras, es decir, unos 9.500 euros.

La doble vida de Néstor

Néstor mató a Saúl. Fue su primera muerte, pero no la única. «Después de casarse con mi hermana mató a dos importantes políticos. Uno era diputado del Parlamento Centroamericano y el otro diputado del Congreso Nacional. Eran padre e hijo», asegura Osman.

El suceso fue recogido, entre otras publicaciones y sin citar la autoría de los hechos, por la agencia de noticias Europa Press el 11 de abril de 2015. En el artículo, bajo el titular «Tiroteado el expresidente de la Corte Suprema de Justicia de Honduras»[4], la agencia española relata cómo Eduardo Gauggel Rivas y su hijo, diputado del Congreso Nacional por el Partido Liberal, fueron asesinados a balazos en San Pedro Sula.

«Ambos se vieron sorprendidos por desconocidos cuando ingresaban a su vivienda en su vehículo. Según información preliminar, varios hombres a bordo de una camioneta blanca y otro vehículo tipo turismo les cerraron el paso y abrieron fuego contra el vehículo. Gauggel hijo sacó una pistola de la guantera e intentó sin éxito defenderse, hiriendo a uno de los atacantes, que ha sido detenido», escribió Europa Press.

Néstor había vuelto de Estados Unidos convertido en sicario «y no nos dimos cuenta». Cuando se produjo el asesinato de los dos políticos, «una cámara cercana al lugar del crimen captó la matrícula de uno de los coches que utilizaron los sicarios. La policía fue a detener al dueño, un tal César. Pero este les dijo a los cuerpos y fuerzas de seguridad del Estado que Néstor, que era su amigo, le había pedido varias veces el coche y que la noche del asesinato lo tenía él», cuenta Osman.

Pero Néstor no es el único sicario de su pueblo. Esta es una realidad que afecta a muchos jóvenes hondureños y que ha sumido al país en la violencia y el narcotráfico.

---

4. https://www.europapress.es/internacional/noticia-tiroteado-expresidente-corte-suprema-justicia-honduras-20150411030824.html

Capítulo 2
Los sicarios, los dueños del país

El asesinato de Saúl en el río no fue, por desgracia, la única muerte violenta de la que Osman fue testigo. No podía serlo. Las maras[5] «son las dueñas del país y, por lo tanto, también de mi pueblo», asegura Osman.

La MS (Mara Salvatrucha) controla desde el pueblo de Villanueva hasta La Lima: Villanueva, El Plan, San Manuel, El Porvenir, La Lima. La M18, por su parte, controla la colonia Planeta, la Satélite y todos sus alrededores hasta llegar a la capital industrial. Y ambas pandillas son rivales.

Pero cuando Osman se introdujo en el mundo de los autobuses la colonia Planeta estaba libre de las maras. Empezó trabajando en ella de ayudante; poco tiempo después le nombraron conductor.

Una de las primeras cosas que hizo al ser contratado como conductor fue dar algo de dinero a algunos de los chicos del barrio, que entonces tenían ocho años, «para que me lavaran el autobús». Les daba cinco o diez lempiras y se lo gastaban en chucherías en el colegio.

El tiempo pasó, a Osman lo cambiaron de barrio (empezó a trabajar en un territorio de la MS) y la M18 comenzó a controlar

---

5. Las maras son unas bandas criminales, formadas principalmente por jóvenes, que se dedican a todo tipo de actividades delictivas, desde el tráfico de armas y drogas hasta el secuestro y asesinato de personas.

la colonia Planeta. El tiempo también pasó por los chiquillos que de vez en cuando limpiaban su autobús «y se fueron metiendo, como muchos otros, en las pandillas».

Al querer conducir por el barrio de la MS, «los pandilleros nos cobraban el impuesto de guerra. El dueño de la empresa pagaba 150 lempiras todos los lunes y yo, por ser el dueño del autobús, pagaba otras 150 lempiras», recuerda.

La M18 no cobraba el impuesto. Ellos estaban especializados en secuestros. «Pero cuando este negocio empezó a caer y a no ser seguro, entonces se pusieron a cobrar también el impuesto de guerra», explica Osman.

«Empezaron a llamar por teléfono a mi jefe para que les pagara también a ellos». El primer día les contestó el teléfono, pero a partir de ahí nunca más lo hizo. «Es práctica habitual en las pandillas matar a los conductores si los jefes se niegan a pagar y así meterles presión. Nosotros sabíamos que el jefe no les cogía las llamadas a los sicarios y trabajábamos con mucho miedo».

Los antiguos chiquillos que limpiaban el coche

Un día Osman, al que suelen llamar Chico, llegó a una parada del autobús cerca del río Chamelecón. Allí «me estacioné y veo a un muchacho que viene hacia mí, se me queda mirando y me dice:

—Chico.
—Sí, ¿quién eres?
—Hombre, ¿no te acuerdas de mí? Soy Carlos.

—¿Carlos?

—Sí, aquel que ponías a lavar el autobús de pequeño.

— Sí, ¿y qué tal? ¿Cómo estás?

—Si te contara a qué vengo…

—¿Qué pasó?

—Pertenezco a la pandilla 18. Hemos estado llamando a tu jefe para que nos pagara el impuesto de guerra y no nos quiere pagar —me dijo—. ¿Sabes quién es el jefe de la M18? Uno de los hermanos Guato —al que Osman también daba dinero de pequeño por limpiarle el autobús—. La orden que me han dado es matar al primer conductor de la TISMA (empresa de transporte interurbano San Manuel) con el que me encuentre en esta estación. Y te reconocí. Solo tengo orden de no matar a Julio, el Pitufo».

Pitufo es primo de Osman y también era conductor de autobús en la misma empresa. Los sicarios le conocían personalmente y por eso no querían matarlo. La M18 «no se había enterado de que yo también trabajaba en la empresa y, en teoría, yo no estaba exento de la muerte». Las órdenes eran claras: que a Pitufo no se le hiciera nada, pero que al próximo que apareciera se le matara para hacer presión al dueño de TISMA.

—No vayas a hacer eso conmigo —le dije. Entonces cogió el móvil y llamó al jefe de la pandilla.

—Aquí estoy con el conductor de TISMA.

—¿Y por qué no le has matado?

—¿Sabes quién es? Chico. —Se despegó el teléfono de la oreja y me dijo que el jefe quería hablar conmigo.

—¿No sabes quién soy?

—Soy de los Guato. Ahora soy el jefe de la M18. Yo di la orden de que mataran a un chófer porque Antonio Artigas —dueño de la empresa— no nos coge el teléfono y no nos quiere pagar. Ya matamos a uno de otra empresa.

El jefe de la M18 «se refería al asesinato de Tacamiche. Era amigo mío», asegura Osman. «Trabajaba en la empresa Salinas. Lo quemaron vivo enfrente del aeropuerto internacional de San Pedro Sula. Sacaron a los pasajeros del autobús y lo incendiaron con él dentro. Los dueños de la empresa tampoco querían pagar el impuesto de guerra», añade.

—Quiero que te reúnas con tus compañeros para que os pongáis de acuerdo y habléis con vuestro jefe.

«En ese mismo momento me fui a la estación a hablar con mis compañeros. Nos pusimos en huelga y paramos todos los autobuses hasta que vino un dirigente de la empresa y le dijimos todo lo que estaba pasando».

El hermano Guato le dejó un número de teléfono y le dijo que solo le llamara para darle una respuesta. Acto seguido mostró una actitud parecida a la justicia o a la compasión. «Me dijo también que no me preocupara, que a mí no me iba a pasar nada». Como Osman les había tratado bien y les había ayudado de pequeños, ahora los Guato no le asesinarían. Tan solo acabarían con la vida de uno de sus compañeros.

«Hablé con mis compañeros y vino también el jefe de la empresa. Quedamos de acuerdo en que a la Mara 18 le pagaríamos los martes». Con el beneplácito de todos, Osman utilizó el teléfono que le había dado el jefe de los sicarios. «Les informé de que habíamos llegado a un acuerdo y que los dirigentes de la empresa se pondrían en contacto con ellos». El impuesto de guerra que acordaron ascendió hasta las trescientas lempiras. De este modo, los lunes pagan trescientas lempiras a la MS y los martes, otras trescientas a la M18.

Los sicarios

El encuentro de Osman con el sicario de los Guato revela varias cosas. La primera, que «son los mismos jóvenes del pueblo los integrantes de las maras», asegura Osman. Los mismos chavales normales a los que daba un poco de dinero por que le limpiaran el autobús son los que terminaron como sicarios y estuvieron a punto de matarle. «El cuarenta por ciento de la juventud está metida con los pandilleros». Las bandas se hacen con la juventud a través de las drogas. «Primero los hacen consumidores, regalándoles las drogas, y luego se adueñan de ellos hasta tal punto que les convierten en sicarios».

La segunda, el clima de terror que se vive en Honduras, uno de los países más peligrosos del mundo. Uno puede salir cualquier día a hacer su trabajo y puede acabar asesinado sin ningún motivo. A Osman casi le asesinan porque su jefe no quería pagar a las maras. «Las pandillas generan miedos, que la gente viva en zozobra. Ellos establecen las leyes. Si dijeran: "A las 19:00, todos a casa", la gente a esa hora se iría a su hogar por miedo».

No se puede, por ejemplo, «ni siquiera hacer una comida familiar en el pueblo, porque si no te hostigan los sicarios lo hacen los ladrones». En Honduras «hay también muchísimos ladrones. No puedes dormir con la ventana abierta o dejar un pantalón fuera porque te lo roban».

Por eso «tratas de no cometer errores». Esto puede ser «mirar mal a alguien o decir una imprudencia». Con eso ya es suficiente «y pueden matarte». Sin embargo, «poco a poco te vas acostumbrando a la muerte». Esto último lo corrobora Osman con la expresión de su cara cuando habla de un amigo, «asesinado este mismo domingo. Estaba enganchado a las drogas. Cuando se casó se compuso y las dejó. Puso un taller de ebanistería. Pero lo mataron», cuenta sin inmutarse.

Inactividad de la policía

Ante esta situación, en cualquier otro país desarrollado la policía tomaría cartas en el asunto. Sin embargo, en Honduras «la policía no hace nada. En algunas ocasiones los agentes tienen tratos con los mareros». El soborno «está a la orden del día», aunque no solo en el estamento policial. «Es la llave que abre todo el país. Por ejemplo, puedes ir a sacarte el permiso de conducir en la estación de tráfico en cinco minutos. No hace falta que sepas conducir ni nada. Le pagas mil lempiras a una persona y en cinco minutos tienes el carné de conducir».

En otras ocasiones los policías «no actúan por miedo». Si de verdad se ponen a investigar un crimen, «los sicarios les amenazan con matar a toda su familia». Por eso el motivo más recurrente para la policía es «ajuste de cuentas entre las pandillas. Así es como se lavan las manos».

Por una cosa o por otra, al final el perjudicado siempre es el ciudadano. «Los policías saben cuándo van a ir a matar a alguien y no van al lugar del crimen hasta una hora después de que se hayan ido los sicarios. Si algún policía bueno quiere alzarse, lo matan a él y a toda su familia para que se acallen las voces de denuncia».

Capítulo 3

Mi viaje a EE. UU. Primera Parte: por tierra, mar y aire

Cuando tienes que pagar a asesinos para poder hacer tu trabajo o has visto cómo quemaban vivo a un compañero, uno no puede vivir tranquilo. «Por eso hay tanta inmigración hacia los Estados Unidos. Se van familias enteras, incluso con bebés recién nacidos», asegura Osman. «En Honduras no se puede vivir». Solo se puede sobrevivir.

Él mismo emprendió el viaje hacia EE. UU., aunque por motivos bien distintos. Osman vivía cómodamente y a su familia no le faltaba de nada. Su trabajo en los autobuses le permitía tener un chalé de dos plantas con piscina, por lo que nunca ambicionó irse.

Pero un día Osman conoció a Cecilio, «que llevaba gente ilegal a los Estados Unidos», y se hicieron buenos amigos.

—Osman, ¿por qué no te vas a Estados Unidos? —le dijo un día.

—¿Por qué me voy a ir si estoy muy bien aquí con mi familia?

—Porque no te voy a cobrar nada. Solo consígueme 10.000 lempiras —unos 360 dólares— y no te voy a cobrar nada más.

Los traficantes suelen cobran 6.000 dólares por cada viaje. Esta rebaja en el precio hizo que a Osman, a pesar de lo absurdo de la idea y de que tuviera una vida cómoda, se le metiera en la cabeza que quería irse. Con el viaje siempre podría hacer dinero en Estados Unidos, luego volver a Honduras y comprarse un autobús propio. La ambición de ser su propio jefe provocó que aceptara la propuesta de forma apresurada.

Tras los coyotes

El viaje comenzó a las cuatro de la mañana. Eran 98 personas las que iban a intentar cruzar de forma ilegal a los Estados Unidos. Al frente de la expedición iban tres coyotes (así es como se llama en Honduras a los traficantes de personas). El autobús, tipo copaneco, partió desde la capital industrial en dirección a Guatemala. El trayecto duró unas seis o siete horas. En la frontera la expedición cambió de autobús y recorrió otras cinco horas para llegar a la capital guatemalteca, donde comieron nada más llegar. Antes de que se hiciera de noche cogieron otra tanda de autobuses. El último trayecto del primer día les llevaría hasta Los Mangos, en la frontera entre Guatemala y México, a donde llegaron a las 22:00 horas.

Después de todo un día de trayecto estaban agotados, así que cuando los coyotes les llevaron hasta un hotel para descansar el cansancio tornó en alivio. Pero el cartel en el que se podía leer «hotel» no hacía justicia a las instalaciones que encontraron en el interior. «Lo único que tenía de hotel era el nombre. Dormimos en el suelo. Las habitaciones ni siquiera tenían ventanas». Tras dieciocho horas de viaje, el frío suelo acogió los extenuados cuerpos de los viajeros, que se levantaron algunas horas después con algo menos de sueño, pero con más dolores que el día anterior.

En la segunda jornada los barcos sustituyeron a los autobuses y el agua, al asfalto. Tras el desayuno la comitiva se subió a unas lanchas para cruzar el río que separa Guatemala de México. Al llegar a tierra firme la comitiva cambió de vehículo. Esta vez tocaba continuar en coche. Los guías les hicieron subir a unos cuatro por cuatro. Cada uno tenía capacidad para unas diez o quince personas. Las ruedas eran especialmente grandes, preparadas para transitar por mitad de la montaña a través de un sendero abierto por los coyotes. Los cuatro por cuatro tenían que utilizar la doble tracción para avanzar.

Cuando ya ni los coches podían continuar, Osman y el resto de sus compañeros siguieron a pie. La caminata se alargó durante algunas horas más. Sin probar bocado desde bien temprano (los coyotes no habían traído ninguna provisión), todos empezaron a sentir un hambre atroz. Al coronar la montaña, un pequeño pueblo ofreció algo de descanso a los caminantes y burritos de carne de mono, algo bastante desagradable, pero «que todos nos comimos sin protestar del hambre que teníamos».

Tras el frugal tentempié «nos tocó caminar unos diez kilómetros más para llegar a otro pueblo». En aquel lugar se divisaba un conjunto de casas, que eran usadas por los traficantes para hacer paradas en el largo trayecto hasta Estados Unidos. «Allí, por fin, pudimos comer». Y de nuevo, tras la comida, reemprendieron el viaje. Otros coches, más pueblos, hasta llegar a un lago «tan grande como el mar», al que no se le veía la orilla opuesta.

En el lago se vivió el primer momento de grave peligro. Los inmigrantes debían subirse a unas pequeñas canoas. En cada una de ellas debían entrar doce hombres. A las mujeres y los niños les colocaron en una lancha de motor, que arrastraba hasta tres canoas, en las que iban los hombres.

El lago estaba infestado de cocodrilos, que nadaban a escasos centímetros de las frágiles embarcaciones. Un movimiento brusco y decenas de personas caerían directamente en las fauces de los animales.

La ruta acuática les llevó primero por un canal, que era donde más concentración de reptiles había. A continuación las canoas se introdujeron en mitad del lago, donde estaban más expuestos a las inclemencias del tiempo. La travesía duró cerca de cuarenta minutos. «Pasamos mucho, mucho, mucho miedo», asegura Osman.

Los inmigrantes alcanzaron, al fin, la orilla. Pisaron tierra firme y los peligros acuáticos dejaron paso a los terrestres y a los provocados por la acción del hombre.

«Llegamos al otro lado y nos tocó caminar otros diez o quince kilómetros más. Estábamos en México, en un pueblo cerca de las vías del tren. Allí tuvimos que esperar tres días hasta que apareció la primera locomotora». Tomaron el tren, que les llevó a una terminal ferroviaria todavía más grande, donde estuvieron otros tres días.

«Para el tren no teníamos billetes», explica Osman. Pero eso no es problema para los coyotes, que «se ponen en las vías con varias lámparas para hacer señales al maquinista, con el que están compinchados y al que dan no sé cuántos miles de pesos mexicanos». El soborno surte efecto, el tren se detiene y la comitiva se sube a bordo de unos vagones vacíos, donde no levanta sospechas. «Nos bajamos en otra estación de trenes, donde cogimos el tren conocido como La Bestia».

Este tren, al que también se le llama el tren de la muerte, cruza México de norte a sur y ha sido utilizado por miles de inmigrantes para avanzar en busca del sueño americano. Son muchos los inmigrantes que perecen por su causa o sufren amputaciones. En 2013, por ejemplo, doce inmigrantes centroafricanos murieron cuando el tren descarriló a su paso por la localidad de Tabasco. También los viajeros clandestinos han sido víctimas de las maras mexicanas. En 2010 el cártel de los Zetas asesinó a 72 personas.

Viajar en este tren es jugarse la vida en un trayecto que, de hacerse de forma completa, dura de veinte a veinticinco días. «En La Bestia estuvimos todo el día. Yo no iba al aire libre». Osman pasó las veinticuatro horas del trayecto en el interior de unos vagones repletos de arena. Estos habitáculos llevan sellos federales. Son unas etiquetas que se colocan donde se abre el vagón para que nadie pueda abrirlas ni cerrarlas. Pero esto no es un problema para los coyotes. «Aquí todo es dinero y compran lo que haga falta». En este caso, «compran los sellos federales, los quitan de los vagones, los abren, introducen a los inmigrantes, cierran y vuelven a colocar los sellos. En mi mismo vagón nos metieron a treinta personas».

Las góndolas tienen en su parte superior unos agujeros, que son la única vía de contacto de los polizones con el mundo exterior y el único acceso por el que entra algo de oxígeno en los compartimentos. Los agujeros también son utilizados por la policía para revisar el tren. «Meten la linterna para comprobar si hay algo sospechoso». Pero Osman y sus compañeros estaban bien aleccionados por los coyotes y se situaron a varios metros de distancia de los agujeros para no ser descubiertos.

«Estuvimos dentro del vagón de arena hasta la localidad de Piedras Negras. Allí nos pasaron ya a unos vagones normales de carga que iban vacíos». Esto, según Monterroso, «tiene sus ventajas y sus desventajas». Hay personas que tiran piedras a los inmigrantes encaramados a La Bestia. «Son racistas y no quieren que los extranjeros pasen por ahí». Pero también existe gente buena. «Hay unas señoras que se ponen con bolsas de comida en las inmediaciones de las vías del tres. En las bolsas hay tortillas (como las llamamos nosotros), huevos, alubias… Son señoras de buen corazón. Aprovechan cuando el tren va por alguna subida y circula despacio para acercarse y entregar las bolsas con la comida».

La labor de estas mujeres les mereció una candidatura al Premio Princesa de Asturias de la Concordia y su quehacer solidario fue recogido en las páginas de los periódicos de medio mundo. El suplemento del diario *ABC Alfa y Omega* se hizo eco del trabajo de las patronas en un extenso reportaje firmado por Cristina Sánchez Aguilar y titulado «El amor amansa a La Bestia»[6]:

Año 1995. Una tarde cualquiera. Bernarda y Rosa, dos de las hermanas Romero, fueron en busca de arroz y leche a la tienda de al lado. Pero tardaron más tiempo de lo normal en regresar a casa. Su salida coincidió con la hora en la que el

---

6. https://alfayomega.es/27118/el-amor-amansa-a-la-bestia

tren de carga que une Centroamérica con EE. UU. atravesaba el municipio de Amatlán de los Reyes, en el estado mexicano de Veracruz. Tuvieron que esperar a que pasara el convoy, pero algo distinto las sorprendió esta vez: había polizones colgando de los vagones, y gritaban pidiendo comida. Las dos jóvenes no lo dudaron, y sin pensarlo lanzaron las bolsas de alimentos recién comprados a esos hombres «con acento raro, que no era mexicano». Ellas todavía no lo sabían, pero aquellos hombres eran los primeros inmigrantes que cruzaban México en el tren conocido como La Bestia. Ni tampoco que, desde ese momento, sus vidas no volverían a ser ya nunca más las mismas.

«Cuando mis hijas llegaron a casa, me contaron por qué venían sin compra. Toda la familia nos quedamos pensando qué podíamos hacer por aquellos hombres. Nos reunimos al día siguiente, a primera hora de la mañana, y decidimos hacer todas las raciones de más que nuestra economía nos permitía. Empezamos a embolsar el arroz, las tortillas y los frijolitos… y así comenzó nuestra labor. Dios nos puso al lado de ese tren para ayudar a nuestros hermanos».

Lo cuenta Leonila Vázquez, la matriarca de una saga de doce hijos que, con 82 años, es la fundadora y alma del grupo Las Patronas —nombre tomado del barrio en el cual viven, La Patrona, que alude a la Virgen de Guadalupe—, 14 mujeres entre hijas, nietas y vecinas de Leonila, quienes dedican su vida a alimentar a los inmigrantes que cruzan su pueblo en La Bestia. «Adiós, abuelita, adiós me dicen al paso del tren. Que Dios me los bendiga, mijitos, respondo».

«Una llamada de Dios»

Una de sus hijas, Norma, visitó el lunes el salón de actos de Alfa y Omega, en el centro de Madrid. Allí compartió experiencias con miembros de otras asociaciones que trabajan con migrantes, en unos momentos marcados por los acontecimientos en las fronteras de Macedonia, Serbia y Hungría. Su visita a España ha coincidido además con el fallo del Premio Princesa de Asturias a la Concordia 2015, al que Las Patronas estaban nominadas —al cierre de esta edición, se desconocía aún la decisión del jurado—.

Ante decenas de personas que quisieron venir a conocerla, la patrona, una mujer humilde, resaltó que su trabajo no es heroico, sino que «solamente responde a una llamada de Dios. Mi familia llevaba tiempo buscando qué poder hacer para dar servicio al prójimo, y Dios nos dio la oportunidad de salir de nuestra casa, de nuestro trabajo, de nuestro bienestar, para servir al hermano migrante». Aquella tarde, después de que Bernarda y Rosa llegaran a casa, «mi madre nos dijo que teníamos que hacer lo que hacía Jesús: dar de comer al hambriento y de beber al sediento. Así empezamos a compartir lo que Dios comparte con nosotras».

Reparten 45 kilos de arroz y 20 de frijoles al día. Las mujeres se despiertan a las cinco de la mañana, «arreglamos nuestra casa, despedimos a nuestros maridos que se van al trabajo y a nuestros hijos que se van al colegio, y entonces nos ponemos manos a la obra», explica. «Cada día le toca a una cocinar, y el resto vamos a los mercados a recoger el pan y las verduras que nos donan». Esto ocurre ahora que su buen hacer se ha extendido como la pólvora. Hace 20 años, eran ellas mismas las que compraban la comida. «Durante siete años alimentamos a miles de personas sin que nadie más lo supiera. Hacíamos el arrocito, el frijol, cuando había verdura unos nopalitos con huevo... y también algo dulce, un pan y unos juguitos. Hacíamos 30 bolsas al día». Ahora, el volumen ha aumentado tanto que necesitan donaciones externas. «Repartimos más de 300 raciones por jornada, los 365 días del año. Gracias a la red de asociaciones que trabajamos con migrantes en México, y a las universidades, que hacen un gran trabajo de sensibilización, recibimos comida suficiente para alimentar a la mayoría».

El barrio, volcado con ellas

Mientras las mujeres hacen las bolsas, suenan gritos. ¡Madres, que silba el tren!, avisan los vecinos. Desde las diez de la mañana hasta las nueve de la noche, el barrio está atento a la llegada de los trenes. Las mujeres, apresuradas, cogen sus carretillas, las cargan de comida, y corren entre las piedras para llegar hasta las vías. «No solo se debe ser luz en casa, hay que ser luz en todos los lugares», dice Norma.

Los inmigrantes llevan días sin comer, hacinados en los vagones. Incluso haciendo sus necesidades en marcha, porque «si bajan, pueden perder su oportunidad. O morir». Se juegan la vida para extender su cuerpo y poder coger la bolsa de comida. Por eso, Las Patronas han ideado su propio sistema de lanzamiento. Llenan viejas botellas de plástico con agua, amarradas con una cuerda de dos en dos, para que sea más fácil cogerlas. «Hay maquinistas más amables, que cuando nos ven bajan la velocidad. Otros no lo hacen», cuenta Norma.

«Dejan su patria atrás, todo lo que han conocido hasta ahora, en busca de una vida mejor. Tienen una gran fe. Yo les admiro», reconoce la mexicana. Por eso, se muestra estos días especialmente entristecida por las declaraciones del candidato a la presidencia de EE. UU., Donald Trump. El multimillonario ha propuesto levantar un muro que separe México y la tierra estadounidense. *«Me entristece que este hombre piense así. El hecho de que tenga dinero no significa que pueda despreciar al ser humano. Al revés, debería estar agradecido, porque Estados Unidos ha crecido mucho gracias a los latinos»*. Norma piensa que, si tiene dinero para levantar muros, *«es mejor que se lo gaste en mejorar las vidas de las personas que tienen que emigrar, que no van a verle a él, sino a buscar una vida mejor. Ojalá aprendiera a compartir su dinero»*.

Capítulo 4

Mi viaje a EE. UU. Segunda parte: en manos de los Zetas

Después de sobrevivir al «tragainmigrantes» (otro de los nombres por los que se conoce a La Bestia) Osman y sus compañeros llegaron a México DF, a la estación de Lechería. Allí les estaban esperando los Zetas[7], un peligroso grupo criminal de México, con quienes los coyotes tenían un acuerdo para facilitar el tránsito de los inmigrantes que dirigían hacia Estados Unidos. «Si eres coyote y trabajas con los Zetas, ellos cuidan a tu gente. Pero si no trabajas con ellos matan a las personas que estás intentando conducir hasta EE. UU.», explica Monterroso.

A partir de entonces el viaje continuó en grupos más pequeños. Osman se tuvo que despedir de gran parte de los amigos que había hecho compartiendo penurias y peligros en su inesperada travesía hacia el norte del continente. «Hice muy buenos amigos, gente de otros departamentos de mi país, gente de El Salvador…, pero los Zetas nos dividieron en grupos más

---

7. Wikipedia: Los Zetas, o el Cártel de los Zetas, es una organización mexicana de narcotráfico y terrorismo, con estructura paramilitar, que organiza a las mafias locales y estatales dentro de una franquicia de la delincuencia organizada transnacional, cuyas principales actividades delictuales son el tráfico ilícito de drogas, nacional e internacional, la extorsión, el secuestro, los homicidios, el tráfico ilegal de personas, el hurto de combustible, el robo a bancos y camiones blindados, el lavado de dinero, los delitos informáticos y las operaciones clandestinas.

pequeños» y les condujeron a una casa en el Distrito Federal, donde pasaron los siguientes cuatro o cinco días.

La comida corría a cargo de los Zetas. Incluía frijoles, huevo y dos tortillas. Tras cinco días se produjo un nuevo cambio y Osman fue movilizado a otro residencial. En esa segunda casa los días se sucedían y todo el mundo era llamado para salir en dirección a Guadalajara. Todo el mundo, menos el grupo de Monterroso, que ante el continuo paso de inmigrantes comenzó a impacientarse. ¿Qué ocurría? ¿Por qué todo el mundo continuaba su viaje, menos ellos?

Osman se dirigió entonces a uno de los Zetas, quizá de forma algo imprudente al tratarse de uno de los grupos criminales más peligrosos de México. «Un día les dije: "Bueno, ¿qué pasa con nosotros? Todo el mundo se va, menos nosotros. ¿Nos vamos a quedar aquí? ¿Por qué no continuamos el viaje?"». A pesar de su tono algo contestatario, el alegato surtió efecto y esa misma noche les llegaba el turno de partida a Osman y a sus siete compañeros.

«Nos metieron en la parte de atrás de un furgón. Encerrados. Íbamos entre una pila de cajas y el techo». El trayecto duró desde las siete de la tarde hasta las siete de la mañana del siguiente día. Doce horas y ni una sola parada. Doce horas de noche y sin dormir ni un solo minuto. «No puedes dormir porque, según nos explicaron los Zetas, la policía pone aparatos en las paredes del furgón por si escuchan a alguien roncar». El furgón detuvo su marcha a algunos kilómetros de la ciudad mexicana de Reynosa. «Nos dejaron en un residencial enorme. Era como una mansión. Allí nos duchamos y esa misma tarde nos despacharon para Reynosa».

El grupo se volvió a dividir de nuevo y ahora tocaba continuar el viaje de cuatro en cuatro y en una camioneta tipo suburban, que, además de transportar a los inmigrantes ilegales, «iba también cargada de paquetes de marihuana y cocaína». Durante el viaje «los Zetas se iban drogando».

A pesar del riesgo de conducir bajo los efectos de las drogas, el grupo consiguió llegar al *check point* que está situado antes de la ciudad de Reynosa. El puesto está controlado por el ejército y a veces también se encuentran apostados agentes de inmigración. Para evitar ser descubiertos, todos los vehículos suelen detenerse a diez kilómetros del retén, se baja todo el mundo, menos el conductor, y los inmigrantes tienen que bordear el puesto de control. «Nuestro conductor (quizá envalentonado por el efecto de las drogas) nos dijo que no nos bajáramos, que íbamos a pasar con él en el coche».

La decisión del conductor no inquietó a Osman, que a esa altura del viaje se empezaba a cuestionar sobre la conveniencia de haber emprendido el camino y no tenía problema en ser apresado por la policía y que le mandaran a su país de vuelta, donde le esperaban su mujer, sus hijos y su chalé con piscina. «Yo ya había cumplido con salir de mi país. Si me mandan para mi país, yo me voy. Digo adiós y se acabó».

La instrucción de los Zetas era sencilla: «Si el policía os pregunta: "¿Para dónde jalan?", ustedes solo tienen que decir con acento mexicano: "Pues ahí, no más, a Reynosa, a desmantelar unos coches"». Dicho y hecho. «Nos pararon y le preguntaron al que iba en la ventanilla hacia dónde íbamos. "Ahí, no más, a Reynosa, a desmantelar unos coches", contestó. "Ándale, tírale, tírale, tírale, güey", dijo el policía haciendo señales para que pasáramos rápido». La peligrosa maniobra del conductor de la suburban les valió para ahorrarse diez kilómetros de caminata.

El vehículo se detuvo en la entrada de Reynosa, en la puerta de un hotel. «Nos dijeron que vendrían a buscarnos en un microbús en la madrugada». Antes de reemprender la marcha, el conductor de los Zetas les tendió las llaves del establecimiento y la distribución de las habitaciones. En cada una de ellas se meterían seis personas.

A la hora convenida el microbús hizo acto de presencia. Le habían quitado todos los asientos, menos el del conductor y el del copiloto. «A nosotros nos pusieron en la parte de atrás. Todos tumbados en el suelo. Colocaron cuatro o cinco filas de personas, unas encima de otras. No nos podíamos mover. A mí me tocó abajo». Solo fueron quince minutos de trayecto, «pero me estaba ahogando. Tenía cuatro personas tumbadas sobre mí».

Llegaron a un conjunto de apartamentos que estaban en construcción. Allí había una casita anexa, donde se alojaron durante una semana. En la casa juntaron a 45 inmigrantes. A las mujeres se las llevaron a otro lugar. «Nos daban de comer dos veces al día: una por la mañana y otra por la noche. Los vecinos eran un policía y su mujer. Estaban compinchados con los Zetas. La mujer del policía hacía recados para la gente de la casa. Quien tenía dinero le pagaba y la mujer iba a por pollo o cerveza. Los que no tenían dinero llamaban a su familia para ver si les podían mandar dinero». Osman era de los de este segundo grupo. Por aquel entonces tenía cuatro hermanos viviendo en Estados Unidos, así que les llamó para pedirles que le mandaran cincuenta dólares. «Entre los cuatro no podían reunir el dinero.

Me decepcioné mucho. Pensé: "¿Para qué voy a ir a hacer dinero a EE. UU. si entre mis cuatro hermanos no pueden reunir ni cincuenta dólares? ¿Para qué voy a ir yo?"».

A pesar del desencanto, Osman siguió hacia adelante. A estas alturas ya no tenía sentido abandonar, y menos cuando al día siguiente cruzarían el río Bravo, que es el que separa México de Estados Unidos.

«Los Zetas vinieron a buscarnos y nos trasladaron al río Bravo. Tuvimos que inflar unas balsas con la boca. Nos subimos doce personas y pasamos el cauce remando».

Por fin estaban en Estados Unidos. Habían logrado su objetivo, pero todavía quedaba lo más duro del camino y las fuerzas, tanto físicas como mentales, ya estaban bajo mínimos.

A lo lejos divisaron las primeras casas en territorio estadounidense. Frente a ellas, unos coches esperaban a los inmigrantes. ¿El destino? Otro núcleo de viviendas que, en este caso, eran casas *trailar*. Así es como llaman al antiguo tráiler de un camión de gran tonelaje, que los traficantes han adecentado mínimamente para que haga las veces de casa. Los tráileres estaban situados en una zona de plantaciones de naranjos y acogía cada uno a 32 personas. En la casa *trailar* pasaron tres días.

«Un día vimos que venía la policía y varios canales de televisión. Creíamos que venían a donde estábamos nosotros y nos tiramos todos al suelo», recuerda Osman. Pero la comitiva mediática se dirigió a la casa de al lado, en la que las bandas criminales habían montado un laboratorio de droga. «La policía no se dio cuenta de nuestra presencia, y eso que estábamos a veinte metros».

Durante dos horas las 32 personas que se alojaban en la casa tuvieron que permanecer tumbadas sin moverse. Y eso no fue lo peor. Por miedo a la policía, «después de aquel incidente nos dejaron cinco o seis días sin comer».

Para sobrevivir, desesperados por el hambre, revisaron cada rincón del tráiler en busca de algo que llevarse a la boca. Y lo encontraron: pasta. «Y como yo sé cocinar, lo hacía para los 32». ¿El menú? Espaguetis y tortillas de maíz.

Así estuvieron cinco días seguidos hasta que aparecieron los coyotes «y nos subieron a unos coches». Pero de nuevo un *check point* se interpuso en su camino y tuvieron que bajar para continuar la caminata andando, cosa que hicieron durante cuatro noches. «Al caminar no podíamos levantar la cabeza porque, según nos decían, la policía tenía un avión pequeño que te captaba por los ojos». Y un inconveniente más: se estaba acabando el agua. «Encontramos un abrevadero para animales y allí nos refrescamos el cuerpo y, a pesar de que el agua estaba contaminada, bebimos todos. No aguantábamos más la sed».

El viaje estaba tocando a su fin. A escasos doscientos metros estaba esperando la furgoneta que llevaría a Osman y a sus ya nuevos amigos hasta Houston. «Llevábamos un mes andando» y cuando quedaban solo unas pocas decenas de metros para alcanzar el objetivo del viaje «apareció un coche de la policía de inmigración».

Monterroso estaba física y psicológicamente agotado. En su día no quiso empezar el viaje y ahora, al final, tampoco quiere continuar y se echa al suelo, esperando el fatal desenlace. «Yo caminé un poco y me quedé sentado en el suelo. Me apresaron. Ya no tenía ilusión por ir a EE. UU. y quería volver a mi país».

Una vez privado de libertad, la policía le llevó a un centro de detención para inmigrantes y «me tuvieron veintisiete días preso. Te sacaban una hora por la tarde para jugar al fútbol. Dormíamos ochenta personas juntas, en literas, en unos hangares. Había gente de toda América del Sur».

A pesar de estar encarcelado, las condiciones no eran malas. «Había comida, agua, televisión. Cada uno tenía su propia cama. Me trataron muy bien allí», asegura Osman.

Al cabo de veintisiete días le deportaron. Le metieron en un avión que aterrizó en Tegucigalpa, la capital. «Para irme de la capital a la capital industrial (donde vivía) tuve que pedir dinero a la gente para poder pagar el billete».

Osman había pasado demasiado tiempo fuera de casa. Cuando emprendió el viaje se fue a las cuatro de la mañana para mitigar algo el dolor de la separación. «Creía que si mis hijos[8] no veían irse a su padre no le echarían tanto de menos». Todo lo contrario. «Al poco de irme mi hijo Áxel, que tenía cinco años, enfermó. Ellos sabían que yo me iba a ir, pero no sabían cuándo, porque mi hijo me dijo que no me iba a dejar irme».

El reencuentro fue impresionante. «En la cárcel me habían rapado el pelo. Cuando llegué a mi casa nadie sabía que yo iba a aparecer. Al verme, Áxel, que llevaba dos meses sin verme, se quedó en *shock* y solo repetía: "Ve, ve, ve, ve". Con Yadira me di un gran abrazo y un beso. Dios me ha dado una gran esposa».

---

8. En ese momento la familia estaba formada por Osman y su mujer; la hija mayor, Olga; el segundo hijo del matrimonio, Áxel; y un tercer hijo, Arvin, que había nacido en un anterior matrimonio de Yadira.

Capítulo 5
La muerte de Arvin

La sombra de la muerte volvió a planear sobre Osman y su familia. Esta vez el que murió fue Arvin, hijo de un matrimonio anterior de Yadira y, por lo tanto, hijastro de Osman, pero «al que sentía como un verdadero hijo». Murió con dieciséis años.

Arvin estudiaba formación profesional de aires acondicionados y refrigeración en general. «Pero no le gustaba. Él se quería dedicar a los autobuses», recuerda Osman.

Como no le gustaba estudiar, «le compré una moto-taxi para que él trabajara». «El señor alcalde de Pimienta-Cortés me concedió una ruta para la moto-taxi después de hablar con todas las colonias de vecinos de la zona», asegura. Pero Arvin tampoco quiso y Osman se quedó «con una deuda de 50.000 lempiras».

El hijo adoptivo de Osman por fin consiguió lo que quería y se puso a trabajar en el autobús con su padre, gracias a lo cual pudieron pagar la deuda contraída. «Fuimos poco a poco pagando el dinero con lo que sacábamos del autobús», que también les daba para mantener a la familia porque «no teníamos hipoteca. La casa nos la regaló mi suegro». Además, los conductores de autobús en Honduras y sus ayudantes ganan mucho dinero[9], «entre seiscientas y ochocientas lempiras al día».

---

9. Los conductores tienen que pagar al dueño del autobús mil lempiras al día. Además, deben correr con los gastos del combustible y con el sueldo del cobrador. El resto de dinero es beneficio para el conductor, que suele hacer unos seis viajes al día

A los nueve meses de entrar a trabajar con su padrastro, Arvin se vio involucrado en un accidente que tuvo Osman. Era el primer accidente que tenía en quince años como conductor. «Siempre he tenido mucho cuidado y he sido muy responsable al volante», explica.

Arvin trabajaba como cobrador, lo que implicaba pasearse por el autobús y vender los tiques a los pasajeros que se acababan de subir. «Como cobrador hay que tener buen ojo y él lo tenía. Era un excelente cobrador». Además, se estaba preparando para ser conductor. «Yo ya le había enseñado a conducir el autobús. Todo cobrador aspira a ser conductor», asegura Osman.

Pero, más que por sus dotes para el oficio, el joven destacaba por su educación. «Trataba muy bien a la gente. Era un chico muy educado. Nos llevábamos muy bien. Siempre quise para él la misma educación que yo había recibido de mis abuelos, que fue excelente. Y él iba por el buen camino. A sus dieciséis años no tenía vicios. No fumaba ni bebía alcohol».

Mi primer accidente, en el Día del Padre

A pesar de sus años de experiencia, Osman nunca había tenido un solo accidente. El destino quiso que su primer accidente tuviera lugar un 19 de marzo, Fiesta del Padre, y que en él falleciera su hijo Arvin.

---

y en cada viaje saca entre 2.000 y 2.500 lempiras. Para el usuario el autobús es caro, una media de veinte o veinticinco lempiras, pero es el único medio de transporte disponible.

«Yo salí de la estación de autobuses de Santiago Pimienta con destino a San Pedro Sula, la capital industrial, que está como a unos treinta o cuarenta kilómetros de distancia». El autobús circulaba a unas cincuenta millas (setenta kilómetros por hora). La carretera discurría por la «serranía».

El autobús hizo su primera parada del día. Eran, aproximadamente, las 13:00 horas. El vehículo, una *blue bird* amarilla muy moderna de nueve velocidades, tenía capacidad para que se sentaran 72 personas, pero en aquel momento tan solo había cinco pasajeros a bordo. Osman se conocía la ruta de memoria. Llevaba quince años haciendo el mismo camino a diario.

«Estaba subiendo la sierra. Recuerdo que había cuestas, bajadas, curvas, pero el asfalto estaba bien. En aquel sector las carreteras son únicas, de doble dirección».

Arvin, su hijo adoptivo, iba dormido en el último asiento de la *blue bird*. «Acababa de cobrar a los pasajeros que se subieron en la primera parada y tenía veinticinco minutos de trayecto hasta la segunda». El cobrador solía aprovechar este momento para descansar.

«Él iba dormido. Quedaban cien metros para la segunda parada e iba subiendo una rampa. Al final había una curva. No sé qué pasó, pero la puerta se me abrió de improviso, justo antes de llegar a la parada. Él se asustó porque hizo mucho ruido al abrirse y vino corriendo desde la puerta trasera hasta la delantera». Al llegar al principio del autobús, Arvin se tropezó con uno de los asientos justo en el momento en el que Osman cogía la curva.

La fuerza del autobús y el aire hizo que el chico saliera despedido del vehículo. Osman vio por el espejo retrovisor cómo su hijo caía debajo del autobús. Para no atropellarle «crucé el autobús». Arvin no fue aplastado, pero al caer se dio un fuerte golpe en la cabeza. Todo pasó en milésimas de segundo.

El cuerpo del joven comenzó a rodar por la carretera y se quedó en el arcén. Se formó un gran revuelo. «Yo estaba perdido. Como un loco», asegura Osman. Enseguida los pasajeros y quienes esperaban en la parada cercana se aproximaron para ayudar. «Llevamos a Arvin a la clínica en el coche de un señor que estaba por allí. Era una furgoneta *pick up*». A cinco kilómetros había una clínica privada.

Desde la clínica Osman empezó a llamar a toda su familia. A su mujer la localizó en la iglesia. «Somos una familia muy creyente y le solíamos dedicar mucho tiempo a Dios». Una hora después todos estaban allí.

La clínica no podía proporcionar los cuidados que necesitaba Arvin y lo trasladaron al hospital de San Pedro Sula.

Yadira, mujer de Osman, «estaba muy afectada. Era su primer hijo», explica Osman. El joven fue operado de urgencia. «Tenía muy afectada la cabeza, que fue donde se dio el golpe». La intervención quirúrgica duró cuatro horas y treinta minutos.

Tras la operación, al chico no le pudieron enchufar a la máquina de cuidados intensivos que necesitaba para poder seguir viviendo. «En el hospital había cuatro máquinas y las cuatro estaban ocupadas». El jefe de Osman tenía un amigo que trabajaba en el hospital y «nos dijo que hasta el domingo había otras personas que necesitaban la máquina». El amigo también «nos informó de que el domingo estaba previsto que desconectaran a una persona en estado terminal». De este modo, Arvin podría beneficiarse de la máquina desde el domingo a las siete de la mañana. «Pero no aguantó y una hora y media antes murió». El accidente se produjo el 19 de marzo y tres días después, el 22 (domingo), el chico falleció a las 5:30 horas.

Libre por dinero

A Osman la policía se lo llevó preso. El motivo que le dieron es que había un herido. «"Pero si es mi hijo", les decía yo. "¿Cómo voy a querer hacerle daño?". Tuvo que ir mi jefe a hablar con el sargento de la policía. En Honduras todo se arregla con dinero. Mi jefe le pagó, en negro, para que me soltara. Salí libre y me llevaron al hospital».

Osman estuvo dos horas retenido hasta que se pagó su libertad. Desde entonces la policía le dejó tranquilo. No así la fiscalía, que le acusó. El fallecido ya estaba enterrado, pero «tuve que ir a declarar al Ministerio. Iban a volver a realizar todo el procedimiento» cuando ya había pasado un mes del fallecimiento de Arvin. «Yo ya había retomado el trabajo, algo muy duro para mí porque tuve que seguir trabajando con el mismo autobús en el que se mató mi hijo», recuerda Osman.

«Me llegó una notificación para que me presentara en la oficina de los fiscales. Me detuvieron para enjuiciarme, pero el caso se quedó en nada porque en Honduras, como ya he dicho, todo se arregla con dinero». El jefe de los autobuses «pagó 10.000 lempiras al fiscal. En ese momento rompió el expediente y se terminó el caso. Yo tenía muchos testigos».

El jefe «no lo hizo tanto por mí, sino para que no le detuvieran mucho tiempo el autobús. Si el proceso se alargaba, el autobús estaría más tiempo parado y, por lo tanto, no ganaría tanto dinero y tendría que pagar mucho más en abogados».

Este es un caso más, según Osman, «de lo mal que funciona mi país. Miles de personas mueren de forma violenta en Honduras y, en muchos casos, nadie investiga nada. Y aquí, que hubo un accidente, ¿te quieren enjuiciar?». Osman acompaña sus palabras con un gesto de perplejidad y añade: «Lo que quieren es cobrar. Y además saben a quién presionar, porque yo soy una persona que no les voy a hacer daño. Con los pandilleros no se meten porque estos amenazan de muerte a quien investigue los asesinatos o les intente llevar a juicio».

Capítulo 6
Ser testigo es ser objetivo

Tras la muerte de Arvin, Osman retomó su trabajo en los autobuses y también el pago del impuesto de guerra. Los lunes pagaba a la Mara Salvatrucha y los martes, a la Mara 18. De igual forma actuaba su jefe, que pagaba los lunes 150 lempiras a cada organización criminal.

Como los pagos estaban en orden nadie tenía ningún problema. Sin embargo, todo cambió abruptamente cuando los sicarios se deshicieron de Mario, el vecino de Osman Monterroso y su familia.

«Era una persona mayor, de unos cincuenta años. En mi país con esa edad uno ya es una persona mayor. Mario debía de tener unos 55 años. Trabajaba en la siembra de caña de azúcar», recuerda Osman, que mantenía con él una buena relación de vecindad.

Pero, al parecer, la venta de caña de azúcar no era la única fuente de ingresos del vecino. «Yo nunca le vi trapichear con droga, pero los pandilleros le mataron por ese motivo. Supuestamente, vendía marihuana y piedra. Ellos son los dueños de la droga y no quieren competencia. Si alguien vende de forma independiente, lo eliminan». Eso fue lo que pasó con Mario y así fue como «comenzó mi martirio, porque mi hijo fue testigo de la muerte de este señor». Pero de eso Osman no se enteró hasta mucho más tarde.

En casa un día de colegio

Era un día de diario. Osman salió a trabajar, como de costumbre, a las cinco de la mañana. Dos horas después, aproximadamente, recibió una llamada de su hijo Áxel. «Me dijo que se sentía un poco mal y que no quería ir al colegio». El conductor de autobuses accedió y le dijo que se quedara descansando en casa.

A pesar de la indisposición de su hijo, la mañana transcurría sin ningún incidente. A las 9:00 Osman recibió la visita de su mujer y de su hijo. «Me fueron a dejar el desayuno y el almuerzo a la parada que quedaba cerca de casa».

Los minutos seguían pasando con la más absoluta normalidad hasta las 11:45. A esa hora un amigo «me telefonea y me dice que han matado a Mario, al vecino. Me comentó que llegaron dos sicarios en una moto, se bajaron y lo acribillaron a balazos».

Osman todavía no lo sabía, pero lo que parecía un asesinato más en la larga lista de matanzas que suceden en Honduras no era un asesinato cualquiera. El de Mario era a la vez un asesinato y el motivo por el que Monterroso y toda su familia se convirtieron en objetivos de una de las pandillas más peligrosas de América Latina. Fue también el motivo por el que tuvo que abandonar su trabajo, malvender su casa y abandonar su país.

A las 11:44 todo estaba bien y a las 11:45 comenzó una vida de martirio. «Llamé corriendo a casa para ver qué había pasado. Yadira me dijo que habían matado a Mario, que llegaron dos en una moto y le acribillaron a balazos». En ese instante su esposa no le contó nada más, pero en el momento de la matanza su hijo estaba fuera y llegó temblando a casa. Áxel tampoco había revelado, ni siquiera a su madre, que incluso había visto y reconocido al asesino. Y como, a priori, no se había visto afectada su familia, Osman siguió trabajando el resto del día. Por otro lado, «en Honduras este tipo de sucesos es demasiado común. Es habitual que llegue el sicariato, mate a alguien y todo el mundo siga con su vida».

Sin embargo, por la tarde, al llegar a casa, «veo raro a mi hijo y le pregunto qué le pasa. "Nada, nada", me contesta». Era un «no me pasa nada» nada normal, pero Monterroso lo achacó «al susto que tenía porque hubieran matado al vecino». Por ello, «yo actuaba normal porque me habían dicho que no pasaba nada». A pesar de ello, quiso hablar con su hijo. «Le dije: "No pasa nada, hijo. No te preocupes por lo del asesinato. Yo estoy bien, tu hermana está bien, tu madre está bien y tú estás bien"». Aun así, por el susto, «esa noche durmió con nosotros. Nunca dormía con nosotros. Él tenía su habitación propia y la hermana, otra».

Miedo a las armas y a los policías

Áxel era un chico miedoso para este tipo de cosas. Tenía miedo a las armas, a los policías, a los militares… Su desasosiego le venía de pequeño. «En una ocasión había una manifestación enfrente de mi casa. Los militares tiraron bombas lacrimógenas dentro. Pasó cuando Áxel tenía cinco años y los vecinos tuvieron que sacarle de casa». Los manifestantes que protestaban ante un golpe de Estado habían tomado las calles y llegaron los policías militares a desalojar. Lanzaron bombas lacrimógenas contra los manifestantes, pero algunos botes «cayeron dentro de mi propiedad. Yo estaba trabajando». El humo se empezó a expandir y entró dentro de la vivienda. «Les tuvieron que sacar y echarles agua. Ahí cogió el miedo», aclara.

Desde aquel momento, «cada vez que Áxel veía un policía se ponía a temblar». Monterroso tuvo que ir con su hijo a la comisaría de policía para que se le quitara la ansiedad. «Nos atendió el jefe de la comisaría. Le expliqué lo que pasaba y el policía se puso a charlar con Áxel». El agente le explicó al niño que la policía estaba para proteger. Le dio la mano e incluso le cogieron en brazos.

La visita tuvo su efecto y el chico fue poco a poco perdiendo el miedo a las armas y la policía. Sin embargo, tras el asesinato le volvió la angustia y «por eso aquella noche durmió con nosotros».

Al día siguiente el chico no fue al colegio. De hecho, el colegio cerró por el incidente. «Era un colegio rural, todo el mundo se enteró del suceso. Las maras habían matado a uno de los vecinos».

Osman sí acudió al velatorio de Mario junto con su mujer, aunque no se quedaron demasiado tiempo. «Le dije a Yadira que no me sentía cómodo porque podían llegar de nuevo los sicarios». El matrimonio dejó pronto el tanatorio ante la posibilidad de que llegaran los asesinos e hicieran una masacre. Una vez en casa, todo volvió aparentemente a la normalidad y así se mantuvo la situación durante tres días.

Un encuentro con el asesino

Al día siguiente del asesinato Osman se encontró con Merco (nombre ficticio por problemas de seguridad) por casualidad.

Ambos se conocían bien. Habían sido compañeros en la empresa de autobuses TISMA, pero Merco la dejó para convertirse en sicario. Como conductor ganaba mucho, pero como pandillero, todavía más. Él había sido quien apretó el gatillo contra Mario, pero Osman no lo sabía todavía. Sabía que era un sicario, «eso lo sabe hasta la policía», pero desconocía su participación en los hechos por los que le iba a preguntar a continuación. El encuentro con el sicario se produjo en uno de los pueblos por los que pasaba el autobús de Monterroso. Merco merodeaba por allí con su moto-taxi, aunque «el vehículo no lo utilizaba para trabajar, sino para cometer sus fechorías». Merco «me vio en la terminal y me preguntó qué se comentaba de la muerte de Mario. Me lo preguntó porque sabía que mi hijo le había visto cometer el crimen. Le dije que no había escuchado nada».

La respuesta era cierta. No sabía nada. Es una temeridad mentir a los pandilleros. Lo saben y lo controlan todo. Por ejemplo, «si vas en el autobús por una carretera por la que ellos quieren circular, te llaman a tu teléfono móvil y te preguntan si hay retenes de la policía. No puedes mentirles; si lo haces, te matan».

A pesar de que era verdad que no sabía nada, «siempre sospeché que Merco se pensaba que le estaba mintiendo. Él sabía que mi hijo le había visto cometiendo el asesinato. Me estaba estudiando para ver cómo reaccionaba».

Tras la conversación pasaron dos días sin sobresaltos, hasta el viernes. Fue entonces cuando «mi jefe recibió una llamada de los sicarios». Querían que despidiera a Osman. A él no le dieron más explicaciones, pero querían que le despidiera porque le iban a matar junto con toda su familia y no querían que la empresa, que pagaba el impuesto de guerra, se viera envuelta en el crimen. Era mediados de septiembre de 2013.

«La orden era que me despidiera el viernes porque por la noche nos iban a matar. Pero mi jefe no me despidió. Él es una persona muy muy muy ocupada y hay veces que se le olvidan las cosas. Hasta cosas muy importantes como esta».

El jefe de TISMA no le llamó y, por lo tanto, no le despidió el viernes. Paralelamente, los sicarios se preparaban para asaltar la casa familiar y acabar con la vida de toda la familia. El motivo del asesinato era que Áxel, el hijo de Osman, había visto y reconocido al sicario. En Honduras ser testigo de un asesinato te convierte en objetivo. Los pandilleros no quieren dejar ningún cabo suelto. Pero cuando fueron a acceder a ella surgió un contratiempo. Osman no se encontraba en su interior. Continuaba conduciendo su autobús.

Los pandilleros abortaron el plan y volvieron a llamar al dueño de la empresa de autobuses para pedirle explicaciones. La llamada surtió efecto. Pocas horas después, ya el sábado, el jefe llamó a un mando intermedio de la empresa para que le dijera a Osman que se presentara de inmediato en la oficina. «Yo ese día estaba trabajando desde las cinco de la mañana[10] y cuando pasé por el puesto del chequeador me dijo que Toño

---

10. Osman, al igual que el resto de conductores de la empresa, trabajaba en TISMA los siete días de la semana y cuando llevaba un mes seguido podía pedirle un permiso de tres días a su jefe para descansar. A la vuelta volvías a trabajar otro mes seguido. Sin embargo, Monterroso los domingos solo hacía los viajes necesarios para sacar la tarifa que le tenía que dar al dueño de la empresa. «Ese día no ganaba nada, pero así descansaba con mi familia. Además, yo tenía un chalecito con piscina y todos los domingos reunía a mi madre y a mis hermanos en mi casa y les cocinábamos. Los niños estaban en la piscina, porque en Honduras es verano casi todo el año».

quería verme urgentemente». Siguiendo instrucciones, fue a buscar a otro conductor (al que tuvo que ir a despertar a casa) para que le sustituyera. «Fui a levantar a Jobani para que cogiera el autobús. Eran las 6:45 horas. En el siguiente autobús que pasó con dirección a San Pedro Sula regresé a la oficina. Me presenté allí a las 8:00».

El conductor llegó varios minutos antes de la hora acordaba. «Cuando llegó mi jefe yo ya le estaba esperando. Nos dimos los buenos días y mandó al conserje a comprar algo de comida y café para que nos pudiéramos quedar solos».

—Chico, ¿usted tiene problemas con los pandilleros? —me preguntó.

—¿Yoooo? Yo no.

—Es que me extraña porque usted es de las personas que se lleva bien con todo el mundo, no tiene problemas con nadie. Pero le voy a decir la verdad. Me han llamado los pandilleros por la mañana para que le despidiera ayer mismo. Y me llamaron por la noche para preguntarme qué había pasado, que por qué no le había despedido. Así que hagamos una cosa. Yo le voy a despedir —me dijo—, pero vaya usted y hable con ellos. Y el trabajo usted lo tiene. Si habla con ellos y ellos me llaman, usted vuelve al trabajo. Pero yo no puedo poner en riesgo mi vida ni la de mi familia.

Aunque su jefe no se lo dice de forma clara, el empleado entiende que se ha convertido en objetivo de la mara. Su vida, si es que consigue salir con vida de esta situación, ya no volverá a ser la misma. Por eso, en ese momento «me bloqueo y quedo en *shock*». Sin embargo, un atisbo de esperanza todavía está albergado en el corazón de Osman, que no sabe el motivo que ha llevado a la Mara Salvatrucha a querer matarle junto con su familia y cree que la situación se va a resolver satisfactoriamente.

Tras la conversación con el jefe se fue a casa. Llegó dos minutos antes de que el reloj marcara las nueve de la mañana. «Estaba mi esposa levantada y me preguntó qué hacía allí. Se extrañó porque yo, normalmente, a esa hora estaría trabajando».

—Me han despedido.

—No te creo.

—De verdad. Me han despedido.

—¿Y eso? ¿Por qué te han despedido?

—Toño me ha dicho que le habían llamado los mareros para que me despidiera. Le llamaron dos veces, la segunda para ver por qué no me había despedido. Pienso averiguar lo que está pasando, Yadira, porque me ha dicho que si me enteraba de lo que pasaba y se solucionaba me daba otra vez el cargo. Voy a hablar con ellos.

Concretamente, Osman estaba pensando en hablar con Merco. Se lo había encontrado recientemente y le había preguntado por el asesinato. Ahora era él quien le buscaría. Le conocía bien. «Fue precisamente a Merco a quien le dejé mi autobús mientras yo me fui a Estados Unidos. Vino a buscarlo a mi casa y estuvo con Áxel. Por eso mi hijo le reconoció el día que vinieron a matar a Mario. Uno de los asesinos se quitó el casco y Áxel pudo reconocer a Merco». Sin embargo, a estas alturas de la historia Áxel no les había dicho nada a sus padres y Osman no sabía por qué la Mara Salvatrucha había forzado su despido.

Eran las 9:30 horas cuando Osman llamó a Merco, que en aquel momento tenía un cargo importante dentro de la pandilla:

—Buenos días, Merco.

—Sí.

—Soy Chicón. Mira, que quiero saber el problema que tengo, porque yo nunca he tenido problemas con ustedes.

—Llámeme dentro de veinte minutos, que estoy en medio de una misión. —Los sicarios llaman misión a matar a alguien.

A los veinte minutos Osman le volvió a llamar, pero ahora la conversación se desarrolló en unos términos muy diferentes:

—Entonces, ¿qué pasó? Sabes que nunca he tenido problemas con nadie. Tú me conoces bien. En la empresa tampoco he tenido problemas con nadie.

—Sí, pero es que usted me fue a denunciar a la DIC (Dirección de Investigación Criminal). Usted me fue a denunciar de que yo maté a Mario y también denunció que Nascat es el vendedor de droga de nosotros.

—Pero usted sabe que yo, conociendo cómo corre el agua aquí (expresión que quiere decir que uno sabe lo que pasa, pero se queda callado)… ¿Usted cree que uno, sabiendo cómo corre el agua, se va a meter en problemas?

—Mire, le voy a decir una cosa. Anoche iban a ir a matarle. Pero yo paré la ejecución porque llamé a Antonio Artigas (el jefe de TISMA) para que le despidiera y por la noche no le había despedido. Le vimos en el autobús —me lo reconoció el propio Merco.

—Pero Merco… —alcanzó a responder Osman, todavía estupefacto por la amenaza de muerte.

—No, no, no… No le voy a decir nada más. —Y el asesino colgó.

Acto seguido Osman volvió a descolgar el teléfono. En esta ocasión llamó a su exjefe para contarle lo que estaba pasando. «Él me dijo: "Mire, Chicón, es cierto. A mí me lo dijeron. Le quieren matar con toda su familia. Por eso me dijeron que le despidiera rapidito y por eso le dije que hablara con ellos"».

No daba crédito a lo que estaba escuchando. Nuevas llamadas, ahora a su madre y sus hermanos. Después del telefonazo, la familia al completo se juntó en casa de Osman. «En aquel momento Áxel seguía sin contarme que había sido testigo del asesinato».

La familia no podía contener las lágrimas. Estaban todos juntos cuando apareció Antonio Artigas. Venía a entregarle la liquidación por sus servicios a la empresa «y después de veinticinco años trabajando en TISMA solo me dio 2.000 lempiras (ochenta euros). "Esto es todo lo que le puedo dar ahora mismo, Chicón", me dijo». La realidad es que «se aprovechó de la situación. Vio una manera fácil de ahorrarse dar el finiquito que le correspondía a un trabajador. Me correspondía mucho más porque, encima, él me despidió».

Después de que se enterara de que la Mara Salvatrucha quería matar a Osman, Yadira, Olga y Áxel, la familia Monterroso se puso a buscar una solución a la desesperada. «Mi madre tenía una empresa de moto-taxi en sociedad con mis hermanos, que también pagaban a los sicarios el impuesto de guerra. Mi hermano era el que se encargaba de entregar el dinero». Decidieron entonces que se pusiera en contacto con su enlace de la mara, que respondía al nombre de Neto, para ver si había alguna forma de solucionar el problema. Pero el contacto del hermano no pertenecía a la pandilla, solo le hacía algunos recados como cobrar el impuesto de guerra. «Aun así, mi hermano le explicó la situación y Neto contestó: "Si Merco ya le dijo eso a tu hermano, lo siento, pero no puedo hacer nada"».

La gestión no resultó y el tiempo corría en su contra. Cada segundo que pasaba sin encontrar una solución era un segundo menos que quedaba para que los sicarios vinieran a buscarlos. Así que temporalmente decidieron esconderse.

Capítulo 7
Huida a la desesperada

«"Vamos a seguir pensando cómo solucionar la situación, pero de momento no os podéis quedar en casa", me dijo mi familia». No había tiempo que perder. «Cogí dos mudas para cada miembro de mi familia, las metí en una mochila, puse un candado en la puerta de casa y salimos corriendo hacia casa de mi hermana». Eran las once de la mañana del sábado y Áxel seguía callado.

La casa de la hermana de Osman está en el mismo pueblo, a las afueras de El Porvenir, pero en una zona algo más apartada. Desde allí volvieron a intentar averiguar algo a través de un contacto en la mara. «En aquel momento me acordé de Toño y le llamé. Yo le enseñé el oficio y trabajó conmigo de cobrador del autobús. Ahora se dedicaba a recoger el impuesto de guerra de la Mara Salvatrucha».

—Toño, mira lo que está pasando…

—Espérate, Chicón. Voy a hacer algunas llamadas para ver si me entero de algo más. Dame quince minutos.

Un cuarto de hora después Osman recibió la llamada de Toño, tal y como habían acordado anteriormente.

—Chicón, Merco y Nascat te están haciendo el tamal (significa que te están creando problemas). Te recomiendo que vayas a hablar con Nascat —otro de los sicarios de la banda—, porque todo el mundo te conocemos y sabemos que no te metes en problemas.

Tras la conversación, Monterroso miró a su cuñado Néstor (el que mató a Saúl en el primer capítulo) y vio como cogía una pistola nueve milímetros y se la metía en la cintura al mismo tiempo que decía: «Vamos, yo le voy a llevar a hablar con Nascat». En aquel momento la familia desconocía todavía que Néstor se había convertido en un sicario.

Se subieron al Honda Civic con los cristales tintados de la mujer de Néstor y se fueron a buscar a Nascat. Le encontraron enfrente del campo de fútbol, donde vivía. «Al llegar, estaba limpiando una nueve milímetros y un AK-47».

—Hola, Nascat. ¿Qué tal?

—Ey, Chicón. ¿Qué tal?

—Mira, que tengo un problema.

—¿Y qué pasó?

—Que la mara me quiere matar. Yo nunca me he metido en problemas, jamás. Además, tengo una familia y tengo veinticinco años trabajando para TISMA.

—Espérate, ya voy a hablar yo.

En ese instante Osman creyó que Nascat le iba a ayudar y que el problema iba a desaparecer. Sacó el teléfono de su bolsillo y marcó un número. Segundos después dijo:

—Traca, mira, que aquí anda Chicón y está averiguando mierdas y dice que nosotros le queremos matar. Y yo no tengo nada que ver con eso, Traca[11].

____

11. «Había varios jefes en la Mara Salvatrucha: el de los sicarios, el de la droga, el

El sicario había simulado que le ayudaría, pero durante la conversación telefónica Osman se dio cuenta de que no iba a ser así.

—Yo conozco a Traca y él me conoce a mí y sabe que jamás he tenido problemas. Díselo —espetó el autobusero a Nascat.

—Traca, dice Chicón que te conoce, que antes te hacías llamar Mesaca.

Pero este comentario, en vez de hacer recular al jefe de la droga, elevó su enfado. El jefe de la droga era conocido como Traca entre los mareros. Sin embargo, entre sus antiguos compañeros de los autobuses Traca era conocido como Mesaca.

—Se ha enfadado y me ha cortado la llamada. Y yo no tengo nada que ver —dijo Nascat.

Y otra llamada del sicario:

—Contri, mira, que aquí anda Chicón averiguando mierdas y dice que nosotros le queremos matar. Nosotros no tenemos nada que ver, Contri.

Todo iba de mal en peor.

—————————

del impuesto de guerra… Yo conocía al jefe de la droga porque también había sido conductor de autobuses. Trabajaba para una de las empresas de la competencia. Aun así, le conocía porque en el gremio de los conductores de autobuses todo el mundo se conoce. Y, además, se da la casualidad de que era de mi mismo pueblo. Todo el mundo le llamaba Traca».

De pronto, Nascat le pasó el teléfono a Osman para que hablara con Contri. «Le saludé y, sin venir a cuento, me suelta: "Mira, semejante hijo de la gran puta, deja de andar averiguando mierdas. Anoche no le mataron con su familia, pero hoy soy yo el que lo voy a matar. Hijo de puta. Y no le digo a Nascat que lo mate ahora mismo porque me voy a dar el gusto de matarlo yo mismo junto con toda su familia. Así que usted y su familia, hijo de puta, ya están inscritos en el libro negro"».

La amenaza era real, lo había escuchado con sus propios oídos. Y lo peor de todo es que también Yadira, Olga y Áxel estaban inscritos en el libro en el que los pandilleros apuntan a quienes van a asesinar. «En Honduras uno no puede averiguar nada; si no, te matan. No puedes levantar la voz». El miedo se apoderó entonces de Osman y se quedó en *shock*. Solo acertaba a decirle: «Discúlpeme, no lo vuelvo a hacer; discúlpeme, no lo vuelvo a hacer». Así una y otra vez: «De verdad, discúlpeme, no lo vuelvo a hacer; discúlpeme, no lo vuelvo a hacer».

Mientras tanto, el cuñado Néstor seguía ahí quieto, contemplando la escena, callado, impertérrito. Osman no podía dejar de temblar y aun así tuvo arrojo para decirle a su cuñado que ya era hora de irse. Cuando llegaron a casa le contó lo sucedido a su familia. Entonces «se preocuparon mucho más de lo que ya estaban, porque cuando los sicarios dicen algo es que lo van a cumplir».

El reloj ya marcaba las 17:00 cuando Osman decidió llamar a su padre (aquel mismo que le había abandonado siendo un bebé) para tantear la posibilidad de refugiarse en su casa. La llamada se cursó hasta Nicaragua: «Padre, ¿qué tal? ¿Cómo está?». Tras escuchar el relato de su hijo, el progenitor comentó: «Yo te recibo aquí con tu familia con los brazos abiertos. Pero una cosa te digo: yo vivo en Managua y vivo en la zona donde están todos los pandilleros de la Mara Salvatrucha. Si te vienes para aquí, rapidito van a dar contigo. Pero si te quieres venir, vente».

El riesgo era muy grande, pero no tenía otra opción. No podía quedarse en Honduras, pero tampoco tenía dinero. En total había conseguido reunir 2.000 lempiras de su jefe en concepto de finiquito, otras 2.000 lempiras que le dio su hermana, 3.000 por parte de su tía Elva y 2.000 que le regaló su madre. En total alcanzó cerca de 10.000 lempiras y esto no les servía para ir demasiado lejos.

«Entonces mi madre me dijo: "Osman, hagamos una cosa. Deja a Yadira y a los niños donde tu suegra y te vas tú mojado para Estados Unidos (de ilegal) desde Guatemala». La respuesta fue tajante: «¡No! Han amenazado con matarme junto con toda mi familia. No pienso separarme de ellos. Antes me voy a una montaña con todos ellos y me escondo».

No encontraban ninguna solución satisfactoria y cada segundo que pasaba era un segundo más cerca que tenían a los sicarios y, por lo tanto, cada vez estaban más cerca de la muerte. Ante estas circunstancias, «mis hijos sentían terror». Olga tenía trece años y Áxel solo diez. «Ya sabían lo que estaba pasando. Mi mujer también estaba nerviosa y preocupada. Todos estábamos desesperados. Pensábamos una cosa, luego otra y, al final, nunca nada».

No podían esperar más, así que «con las 10.000 lempiras decidimos irnos a Nicaragua». Cogerían el ticabús (un autobús que va desde Honduras hasta Costa Rica y pasa por Nicaragua). La salida se estableció para las 19:00 horas, momento en el que ya preveían que hubiera anochecido. Hasta entonces se dedicaron a despedirse de su familia. No fue un momento fácil. No fue un hasta luego, fue un hasta nunca. «Me despedí de mis hermanas diciéndoles: "No me puedo quedar aquí y comprometerlas a ustedes. Ni quedarme yo aquí porque ellos saben que ustedes viven aquí, así que me voy"».

Por este motivo decidieron volver a trasladarse de escondite hasta que partiera el ticabús. Irían a casa de la suegra de Osman. Su cuñado Néstor se ofreció a llevarles hasta allí: «Yo les llevo, cuñado. Esperamos a que caiga un poco la noche y salimos hacia allí».

Al llegar la hora acordada todos se subieron al coche. De equipaje solo llevaban una maleta de mano y un bolso, en el que tenían algo de ropa para cambiarse. Pasaron por El Porvernir y, a la salida, «mi cuñado se paró junto a una siembra de caña de azúcar». Allí Néstor sacó el móvil e hizo una llamada: «Morroco, ¿dónde estás? Mira, es que voy a dejar a Chicón a San Juan y llevo la pistola. Era para ver si podías venir y me la guardas. Te espero aquí». La llamada del cuñado era una táctica para informar a los pandilleros del cambio de escondite de Osman y su familia. «Sabíamos que Morroco, a pesar de tener una moto-taxi, pertenecía a los pandilleros. Néstor le estaba dando la información».

Tras la llamada, Yadira y Osman se quedaron atónitos. No tenían ni idea de que Néstor perteneciera a las mafias. Su propio cuñado. Era algo inusual y aterrador. Entretanto, llegó el tal Morroco y Néstor bajó la ventanilla del coche para entregarle la pistola. El pandillero se quedó mirando al interior del vehículo. «Entonces Néstor se sacó la pistola (una nueve milímetros) y se la dio». Instantes después Morroco y su moto-taxi desaparecieron.

El vehículo reemprendió la marcha. Mientras tanto, la cabeza de Osman daba vueltas para evitar dar pistas al enemigo. Así, una vez que entraron en el pueblo «no le dije dónde estaba la casa de mi suegra, sino que le indiqué que nos dejara en un lugar apartado». El desconcierto de Néstor fue morrocotudo: «No, yo les acerco. ¿A dónde van?». Desde el incidente de la pistola «empezamos a sospechar sobre su implicación con los pandilleros, así que le dije: "Tranquilo, tranquilo. Ya desde aquí nos vamos nosotros andando"».

La familia descendió del vehículo y también bajaron el equipaje. Sin embargo, no reemprendieron la marcha hasta que Néstor se fue. El último tramo lo hicieron andando.

En casa de la madre de Yadira pasarían poco tiempo porque el billete lo tenían para el día siguiente por la noche. Una vez instalados, Yadira se acordó de una prima suya que vivía en España y que estaba casada con un español. No perdía nada por llamarla y así lo hizo. Le contó toda la historia: el asesinato del vecino, el despido de su marido, las amenazas de muerte… «Nos dijeron que nos fuéramos a España, que aunque estuviéramos de ilegales se podía trabajar. A Osman le costaría más (para los hombres nos dijeron que era más difícil), pero Yadira podría trabajar en una casa o cuidando personas». Además, tenían sitio en su propia casa, les dijo la prima, porque su marido había heredado una casa de cuatro habitaciones y ellos solo utilizaban una. «El marido de la prima de Yadira fue muy solidario y quería ayudar a los familiares de su mujer».

La noticia elevó el ánimo de todos. «Fue un subidón». Enseguida llamó a su madre para darle la noticia y empezaron a buscar solución a los múltiples obstáculos que se presentaban ante un eventual traslado a España. El primero, el precio de los billetes. Entre todos solo habían podido reunir 10.000 lempiras y los billetes rondaban las 133.000 lempiras. No tenían otra solución que vender la casa. «La idea fue de mi madre. A mí se me ocurrió contactar con Tabo, un vecino del pueblo que tiene mucho dinero y suele invertirlo en inmuebles». Osman no le dio ninguna explicación a Tabo, solo le dijo que necesitaba venderla urgentemente. Y el vecino se aprovechó de la urgencia: «Mi casa estaba valorada en 450.000 lempiras, pero él solo me daba 160.000». Además, «me dijo que me iba a dar una parte y que otra parte se quedaba debiendo. Se estaba otra vez aprovechando, porque sabía que no me la iba a dar nunca».

Era un abuso flagrante, pero el dinero que les ofrecía Tabo era suficiente para pagar el viaje, así que aceptaron la propuesta. «Yo lo que quería era salir del país».

El primer obstáculo estaba superado. El segundo llegó con los pasaportes. No los tenían. Nunca los habían necesitado. Nunca habían salido del país. Pero en este caso la madre de Osman fue la encargada de superar el nuevo contratiempo. «Ella era activista política y conocía a muchos diputados y políticos. "Voy a llamar a María Elena Gaborí (diputada suplente del Partido Nacional o Liberal), que es muy amiga mía", me dijo».

Al recibir la llamada, la diputada les dijo que no se preocuparan, que ella les iba a ayudar porque daba la casualidad de que el director de la oficina de pasaportes de San Pedro Sula era su cuñado. Habitualmente, para conseguir el pasaporte «tienes que ir al banco y pagar una cita, que te la suelen dar para dentro de tres meses», asegura Osman. Pero María Elena habló con su cuñado «y nos dijo que nos fuéramos inmediatamente para la oficina».

Gracias a la intervención de la diputada, los pasaportes costaron veinte dólares y los tramitaron en un solo día. «Con el de Yadira tardaron dos días porque su tarjeta de identidad estaba defectuosa y le tuvieron que hacer un padrón de huellas. Pero el mío, el de Olga y el de Áxel me los dieron en un día».

Tenían destino, tenían dinero, tenían los pasaportes, pero el sonido de unas motos les devolvió a la cruda realidad.

Capítulo 8
De Honduras a España

«En casa de mi suegra teníamos que estar totalmente escondidos. No salíamos para absolutamente nada, solo si era un caso de extrema urgencia. Entonces salíamos a hurtadillas», asegura Osman Monterroso. Incluso los niños tenían prohibido salir a jugar al patio de la casa.

La reclusión voluntaria no se rompía por nada y en ningún momento. La vida les iba en ello. Ni siquiera cuando se hacía de noche y la oscuridad les ayudaba en su propósito de ocultación se daban un respiro. «Dormíamos escondidos en el sótano de la casa».

La razón de tan estricto modo de actuar era un sonido, el rugir de unas motos que día y noche rompían la calma del pueblo en que Osman y su familia estaban agazapados. Eran las motos de los sicarios, que habían recalado en San Juan alertados por su compinche Néstor. «Eran varias motos. No recuerdo el número, pero iban dos sicarios en cada vehículo y portaban un rifle AK-47[12]. Supongo que también llevarían pistolas, pero eso no puedo asegurarlo».

Desde la ventana, por una rendija, «podía ver a los sicarios buscándonos. Cuando tienen esa actitud y van en las motos siempre es porque andan buscando a alguien para matarlo». Las

---

12. Mítica arma popularizada por el ejército de la URSS.

motos eran su medio de transporte. «Lo utilizaban para salir rápido huyendo de la policía».

Ante la cercanía de sus perseguidores, el cuerpo de Osman no paraba de sudar a chorros. Sin embargo, también era cierto que «ellos no sabían quién era mi suegra ni dónde vivía y San Juan es una comunidad muy grande». Actualmente residen en la localidad cerca de 5.000 habitantes. Antiguamente era gente que trabajaba en la industria bananera. «Allí había diez campos bananeros y les hicieron una sola comunidad, les retiraron de sus ciudades e hicieron un solo pueblo para todos. Eran unas 20.000 personas».

Venta de la casa

Un caso de extrema urgencia por el que Osman tuvo que salir de su guarida fue la venta de su casa. El dinero que les ofrecía Tabo representaba un abuso flagrante, pero no tenían otra opción y era suficiente para pagar el viaje. «Yo lo que quería era salir de Honduras porque sabía que si me encontraban me iban a matar junto con mi familia. Estaba desesperado y solo buscaba la manera de conseguir vender la casa y así hacerme con el dinero».

De esta forma, uno o dos días después de llegar a casa de su suegra Monterroso se vio obligado a abandonar la clandestinidad y salir a la calle. Era plenamente consciente de que si le veían sería el fin. Por eso cogió un taxi a escondidas en dirección a San Pedro Sula. Como no podía ser de otro modo, el taxi era de un íntimo amigo suyo. «No quería correr ningún riesgo.

Tuve que esperar un buen rato a que dejaran de escucharse las motos y entonces pude salir».

La cita se estableció en Teunsa, que es la entrada a la capital industrial, San Pedro Sula. Osman llegó el primero y, mientras esperaba, recibió una llamada de su madre. «Me dijo que no vendiera la casa, que había hablado con un cuñado, el tío de mis hermanos, y estaba interesado en comprarla».

Su cuñado Sebastián vive en Estados Unidos, pero viaja mucho a Honduras. «Cuando yo todavía vivía allí le veía venir al país con mucha frecuencia». Por ello le interesaba comprar una casa «y sabía de las condiciones en las que estaba la mía, que tenía piscina, etc.».

La conversación se produjo en estos términos: «Osman, no vayas a vender la casa, que he hablado con Sebastián y me dice que te da 250.000 o 280.000». Chicón no esperó ni siquiera a que llegara Tabo. Le daban casi 100.000 lempiras más, así que le llamó por teléfono y «le dije que me disculpara, pero que yo no le podía vender la casa por 160.000 lempiras. Le dije abiertamente que había encontrado otro cliente que me daba mucho más dinero». Esta fue su contestación: «No pasa nada, Osman. Lo que mejor te convenga». Así quedó zanjado el tema de la casa, que se le vendió a Sebastián en el tiempo récord de una semana.

El comprador estaba en posesión de todo el dinero, no tenía que pedir un crédito, pero al ser tanta la cantidad «parte del dinero se lo entregó por transferencia a mi madre y otra a su hermano, el marido de mi madre». El mismo día que se acordó la venta Sebastián mandó el dinero. Tres días después Osman ya tenía todo el capital en su cuenta. El papeleo, sin embargo, fue cosa «del marido de mi madre. Yo me llevaba fenomenal con mi padrastro, así que no hubo ningún problema: me entregaron el dinero, se hicieron todos los trámites y se acabó. Sebastián se convirtió en el nuevo propietario de mi casa y todavía en la actualidad lo sigue siendo».

Con el dinero de la casa Monterroso pudo pagar los billetes, las tasas del aeropuerto y disponer de efectivo (2.000 euros y trescientos dólares) para presentarlo en inmigración[13].

Retirada de los billetes

No todo el mundo se quiso aprovechar de la situación desesperada de la familia como hizo Tabo. Hubo quien, por el contrario, les ayudó en lo que pudo. Ese fue el caso de Marlom, que tenía una agencia de viajes y cierto contacto comercial con una hermana de Osman. Esta llamó a Marlom y le explicó toda la situación: lo del asesinato de Mario, del que Áxel había sido testigo; las amenazas de muerte; la reclusión en casa…

«Le dijo también que nos íbamos a ir a España con la prima de Yadira, que vivía en una casa grande junto con un español y le sobraban varios cuartos. Y que Sebastián nos había comprado la casa».

Esta conversación se produjo, sin embargo, antes de que Osman recibiera el dinero de la venta de la casa. Por lo tanto, no tenían nada de dinero para la reserva de los billetes. Aun así,

---

13. «Yo entré como turista y tienes que traer 2.000 euros como mínimo para asegurar tu estancia. El asilo lo pedí ya dentro de España porque si lo pedía allí me descubrirían y me iban a matar».

Marlom se los reservó sin el habitual anticipo. «Lo hizo solo porque conocía a mi hermana», asegura Osman.

Hasta la comida en la nevera

«En total en casa de mi suegra estuve una semana, aproximadamente. En esos siente días vendimos la casa, hicimos lo de los pasaportes y gestionamos los billetes para España».

Ya estaba todo. Ahora tocaba hacer la maleta. Pero ¿cómo hacer una maleta para llevar toda una vida? Era inviable y, además, demasiado arriesgado. Por otro lado, habían solicitado un visado de turistas, así que no se podían presentar en la aduana con los bultos necesarios para rehacer su vida en España. De esta forma, la familia solo cogió dos mudas para cada uno y así no levantar sospechas.

«Todo lo demás se quedó en casa: ropa, recuerdos, fotografías, comida en la nevera, libros, los estuches de los niños para el colegio… Todo, todo, todo. Veníamos para empezar de cero aquí».

Partida al aeropuerto

Otra de las gestiones que Osman hizo desde casa de su suegra fue conseguir un vehículo que les pudiera llevar al aeropuerto. Y la gestión no era fácil. Colaborar con alguien a quien persigue la Mara Salvatrucha y que te descubran equivale a una condena de muerte. Por eso Monterroso se lo tuvo que pedir a un amigo especial.

Concretamente, se lo pidió a Mauro Saíd Pacheco[14], el que fuera jugador de fútbol del Club Deportivo Marathón y de la selección de Honduras. «Cuando dejó el fútbol profesional se compró un taxi y un microbús para transporte escolar, que tenía todos los cristales tintados. Yo por aquel entonces también andaba con el taxi y ahí le conocí». Entonces «le conté todo lo que estaba pasando y le dije que necesitaba que alguien me llevara al aeropuerto de forma clandestina».

Osman también le dijo que tenía que estar a las siete de la mañana, pero que no tenía cómo ir y que tenía miedo. «"Chicón, no te preocupes. Yo te llevo, pero a las tres de la mañana", me dijo Mauro».

Eran amigos, pero «su reacción me ocasionó una grata sorpresa». Lo habitual es que la gente no se inmiscuya en este tipo de cosas. Hay demasiados muertos y la gente ya está acostumbrada». Por otro lado, «pueden matarte simplemente por estar en el lugar y en el momento más equivocados». Por todo ello «le dije que el gasoil corría de mi cuenta y, además, le di quinientas lempiras por las molestias».

«En mi microbús no le van a ver. Y a las tres de la mañana es difícil que ellos estén levantados», comentó Pacheco. Aun así, decidieron evitar los pueblos infestados de mareros y salir cuanto antes a la autopista. «Le voy a quitar los asientos al microbús y le voy a traer unas mantas. Pero ustedes tienen que estar listos en cuanto yo llegue a la casa de su suegra».

---

14. «Precisamente, mi hijo Áxel se llama Áxel Saíd por él. Cuando nació no teníamos mucho dinero porque estaba empezando a conducir. Mauro me compraba leche, pañales y cosas parecidas, así que, en su honor, le puse ese nombre».

Concretamente, estas fueron sus instrucciones: «Me da la dirección, yo llego, aparco en la puerta, abro el autobús, ustedes entran rápido, les tapo con las mantas, cierro la puerta y nos vamos rápidamente. Ustedes no levanten la cabeza para nada. Vamos a ir a 160 o 180 kilómetros por hora. Les pondré unas almohadas para que puedan reposar la cabeza sobre algo blando».

Por la noche, al aeropuerto

Y así fue. Por fin llegó el día de su partida. Habían quedado con Mauro Saíd Pacheco a las tres de la mañana, así que se acostaron muy pronto para tratar de dormir algo. Pero «estábamos tan nerviosos que casi no dormimos».

La posibilidad de echar una cabezada también se disipó rápidamente ante el constante llanto de Olga. Entonces tenía trece años y «no quería irse de Honduras, así que no dejaba de llorar. "¿Cómo voy a dejar a mi familia, a mis amigos?", nos decía». Era tal su desesperación que «decidimos explicarle bien lo que estaba pasando. Tan solo tenía trece años, pero ya era muy madura».

Áxel, por su parte, «estaba como presionado, como si algo no le dejara tranquilo. Yo le preguntaba: "¿Qué te pasa?". "Nada, nada, nada", me decía». En aquel momento tenía diez años.

Ante el insomnio parecía que la hora de partir no llegaría nunca. «Estábamos ya todos en el salón con la luz apagada, vestidos, esperando la hora de salir».

Las pocas pertenencias que llevarían consigo ya estaban esperando en la puerta. Todo el equipaje era una maleta pequeña y un maletín de mano. «Nos dijeron que no trajéramos ropa, que ya en España la compraríamos».

Y entonces, a las tres de la mañana, llegó Mauro Saíd Pacheco con su microbús y la quietud de la noche dejó paso a la tensión. «No hizo falta que llamara, le estábamos esperando. Abrimos la puerta de casa y él hizo lo propio con el portón del maletero y con la puerta lateral del vehículo». Había aparcado muy muy cerca de la vivienda para ocultar lo máximo posible el proceso de carga. «Antes de subirnos al microbús nos despedimos a oscuras de mis suegros y de mi cuñada»[15]. Entonces sí, «nos subimos rápidamente y nos tumbamos en el suelo. Mauro nos tapó con las mantas y cerró la puerta». Fue la última vez que Osman Monterroso vio físicamente a su suegra. «Tampoco volví a ver a mi madre, que murió estando yo ya en España»[16].

Los fugitivos se subieron al autobús y tardaron tan solo diez minutos en llegar a la autopista y otros diez en llegar al aeropuerto. Fue un trayecto corto pero tremendamente peligroso. Estar en la calle suponía estar expuestos a los mareros y a todo el entramado que existe a su alrededor. Sin embargo, en el trayecto no hubo ningún sobresalto. «Íbamos todos callados

---

15. «Tiempo después ella también se vino a España con un hijo porque los pandilleros le mataron a su otro hijo y le querían matar a este. Lleva aquí tres años. Dejó en Honduras a sus dos hijos pequeños. Al hijo se lo mataron de dos tiros y luego lo tiraron al río. Lo encontraron a los tres o cuatro días».

16. «Mi madre murió hace dos años (en 2016). Hoy, de hecho, cumpliría 63 años. Había mantenido una videoconferencia con sus hijos que están en Estados Unidos (donde tiene a siete hijos) y conmigo. Estábamos de risas, se acostó a dormir y a las cuatro de la mañana le pegó un dolor en el corazón. Se lo dijo a mi sobrina, con la que dormía en la misma habitación (ahora también vive en Estados Unidos). Se vino al salón a sentarse y murió sentada en el salón por causas naturales. Esa fue la última vez que la vi por videoconferencia.

y solo sacábamos un poco la nariz para poder respirar. Fue un viaje limpio hasta que llegamos al aeropuerto y encontramos un retén de policía».

El reloj marcaba las 3:30 y el avión no tenía previsto el despegue hasta las 7:00. Al ver el retén a Osman se le mezclaron los sentimientos. Al normal alivio por ver a miembros de uno de los cuerpos y fuerzas de seguridad del Estado se le unió la desconfianza. En sus circunstancias no podían confiar en nadie y en Honduras hay algunos policías al servicio de las maras. «A los policías no les comenté nada (los mareros tienen infiltrados dentro de la policía y no quería correr ningún riesgo), pero les pregunté si me podía quedar con ellos por seguridad hasta que saliera el avión. Les dije que la situación por la noche está muy peligrosa y solo me pidieron los pasaportes y ya está».

De esta forma, la familia Monterroso entró dentro de la oficina policial. Estuvieron algo más de tres horas esperando en la sala de espera. Se sentían relativamente seguros gracias a los dos agentes que había apostados en la entrada, pero no veían la hora de que despegara el avión.

Por fin llegó la hora del embarque. Entonces «me acerqué para darles las gracias y me fui. La oficina estaba situada enfrente del *cheking*. Hicimos todos los trámites necesarios y cinco o diez minutos después ya nos dirigimos hacia el avión para subir».

Osman y Yadira veían que se acercaba el final, pero todavía se encontraban en suelo hondureño. Además, tuvieron que esperar un buen rato hasta que preparaban el avión. Cuando ya estuvo listo embarcaron. La primera escala les conduciría a El Salvador, cuna de la organización criminal que andaba tras sus pasos.

«Subimos al avión con mucho nervio. Era la primera vez que volábamos. Bueno, yo había volado una vez cuando me deportaron desde Estados Unidos, pero para Yadira, Olga y Áxel era la primera vez. Nos tuvimos que abrochar los cinturones» y se iniciaron las maniobras de despegue. Cuando la aeronave enfiló la pista de despegue, Osman miró a Yadira, suspiró y le dijo:

—Hoy sí, por fin, podemos respirar tranquilos.

Más que una contestación, Yadira pronunció un discurso:

—Sí, yo estaba nerviosa. Me parecía que los teníamos atrás cuando estábamos en el aeropuerto. Pensaba que nos iban a descubrir cuando estábamos en casa de mi madre, que nos iban a sacar a todos y a matar, pero ahora ya estoy tranquila. —En ese preciso instante el aparato elevó su morro.

Más que tranquilidad, Osman define el momento como de mucha, mucha, mucha alegría. Pero este éxtasis duró poco más de cuarenta minutos, que fue lo que duró el viaje hasta El Salvador. Es preciso recordar que la MS, la organización que les perseguía, tiene sus orígenes y hasta su nombre (Mara Salvatrucha) en este país centroamericano.

Osman, Yadira, Olga y Áxel desembarcaron rápidamente y seguidamente el cabeza de familia acudió al mostrador a entregar la documentación de todos ellos. No llevaban ni cinco minutos en el país cuando el miedo se volvió a apoderar de todos los miembros de la familia.

«Yo estaba en el mostrador, así que no me enteré de nada hasta unos minutos después». Pero «justo cuando yo estaba entregando la documentación, un hombre se acercó a Yadira y le pidió la documentación. "¿Quién es usted?", le preguntó mi mujer. Él dijo que era policía y Yadira le pidió que se identificara. Entonces se fue». Acto seguido Yadira fue corriendo hasta donde estaba Osman y le contó todo. El cabeza de familia ya había terminado de hacer todo el papeleo y «fui inmediatamente a buscar a aquel hombre». Imposible. «El señor salió corriendo y nunca supimos nada más de él ni de sus intenciones». A Yadira le volvió a entrar el miedo y «se quedó petrificada». Sin embargo, «no creo que tuviera nada que ver con la persecución de la MS. Supongo que se estaba intentando aprovechar de los primeros que vio con pinta de extranjeros».

Pero en El Salvador solo les dio tiempo a ponerse nerviosos de nuevo y poco más, porque tan solo estuvieron treinta minutos en el aeropuerto. Transcurrido ese tiempo, cogieron un segundo avión en dirección a México. El trayecto se alargó una hora y cuarenta minutos. Y en este nuevo país, otra experiencia para olvidar. «Para coger el siguiente vuelo teníamos que esperar ocho horas, pero al llegar nos retiraron los pasaportes», asegura Osman. «Solo teníamos lo que se conoce como visa tránsito. Como vas a otro país, te retiran el pasaporte porque tienen miedo a que salgas del aeropuerto con intención de ir a la frontera con EE. UU. y la cruces o que te quedes en el país de ilegal. Entonces lo que hacen es coger todos los pasaportes de visa tránsito y los billetes y todo, te lo quitan y te meten en una sala bajo custodia hasta que salga tu avión».

Técnicamente, no está considerada como una cárcel, pero quien está dentro está privado de libertad y el recinto está custodiado por policías. En su interior solo hay unos asientos de hormigón «y si quieres dormitar lo haces sobre los asientos de hormigón. Si quieres comer algo, solo lo podías hacer a la hora de la comida. Cuando llegó la hora del almuerzo nos obligaron a hacer una fila para ir todos juntos, bajo custodia, a comer», recuerda. Tampoco puedes salir al baño, aunque la sala cuenta con un servicio para que los internos puedan hacer sus necesidades. «Es como estar detenido, aunque yo no tuve esa sensación porque solo podía pensar en que habíamos logrado escapar de los mareros. Yo estaba feliz porque estaba de camino a España y no me importaba estar ahí. Para mí era más importante llegar a España que las ocho horas que pasé recluido. Aunque, por supuesto, me chocó estar allí porque no tenías libertad de salir. Estabas como detenido o retenido. No podías salir a ningún sitio».

Osman, Yadira, Olga y Áxel se pasaron en aquella sala ocho horas seguidas. Y sobre las 20:00 horas se embarcaron en la tercera etapa del viaje, un *jumbo* que en doce horas recorrería la distancia entre México y París. Al desembarcar en Francia se tuvieron que enfrentar a la misma situación. «En la misma puerta del avión ya estaban situados los agentes de inmigración pidiendo la documentación a todos los pasajeros».

A Osman le retiraron todos los papeles y, seguidamente, le interrogaron en un perfecto español:

—¿El destino de tu viaje?
—Madrid.
—¿El motivo?

—De vacaciones.

—¿Y qué te ha motivado el viaje a España?

—Pues mi hijo es del Madrid y yo soy del Barcelona y queríamos venir a visitar los estadios. Traemos un *tour* para visitar el Santiago Bernabéu y el Camp Nou. Vamos a estar siete días en Madrid y siete días en Barcelona. —Lo traía todo bien preparado.

—¿Y traes dinero?

—Sí.

—¿Cuánto traes?

—Traigo 2.000 euros —Osman ni conocía el billete— y trescientos dólares.

—¿Y solo traes esto para quince días de vacaciones?

—Hombre, ya lo traigo todo pagado. He contratado un viaje con todo pagado. Los billetes del AVE, las entradas, etc. Está todo pagado. El dinero es solo para darme un antojo que yo tenga. Pero si te sirve esta —dijo Osman, mostrándole una tarjeta de débito—. También tengo la de mi mujer, si quieres[17].

—Está bien, pase.

Las preguntas se sucedieron durante un buen rato al tratarse del primer país europeo (donde entonces existía la libre circulación de personas) que pisaba la familia Monterroso. «Allí nos hicieron el control de inmigración. Y no lo tuvimos que volver a hacer al llegar a Madrid. En España solo nos bajamos del avión y listo».

---

17. «Las tarjetas eran ficticias. Ella traía una del Banco de Occidente que le habíamos sacado. Es decir, eran tarjetas reales, pero no tenían casi fondos. Solo teníamos quinientas lempiras».

Una vez finalizado el exhaustivo interrogatorio, «el agente me dio los cuatro pasaportes y me dijo a dónde debía acudir para que me los sellaran. La verdad es que nunca encontré el sello. No sé si es que lo ponen invisible para que solo ellos lo puedan ver, pero yo nunca lo encontré», recuerda Osman. «Y una vez realizado este trámite, al contrario que en México, nos dejaron libertad de movimientos».

Sin embargo, el tiempo apremiaba. «Antes de aterrizar en París el avión había estado cerca de una hora dando vueltas por el aire». Teniendo en cuenta además que el interrogatorio se había alargado en exceso, Osman y su familia perdieron el vuelo que les debía llevar a Madrid. «También es cierto que fuimos al mostrador y enseguida nos metieron en el siguiente vuelo de forma totalmente gratuita. Aterrizamos en Madrid, nuestro destino final, después de una hora y 45 minutos». Era el 4 de octubre de 2012. Tocaba empezar de cero.

Capítulo 9

La confesión: el verdadero motivo del viaje a España

Una vez que el avión hubo aterrizado y una vez que hubieron sellado sus pasaportes, la familia salió rápido de la zona de embarque. No tenían que esperar a recoger sus maletas. Todo su equipaje cabía en dos maletas de mano, de las que no tienes que facturar.

«En la salida nos estaban esperando la prima de mi mujer y el chico español con el que estaba».

El saludo se produjo a lo hondureño, con un buen abrazo, «pero la prima de mi mujer nos dijo que no, que aquí la gente se daba dos besos y así lo hicimos». Después se produjeron las presentaciones y los seis se fueron a su nueva casa, que estaba en San Blas.

Al llegar a su nuevo hogar y después de dejar las maletas, a Osman se le pasó la euforia y se dio cuenta de que estar en España suponía empezar de cero. «El 4 de octubre de 2012 no se me olvidará en la vida. Hasta ese momento había llevado una vida de color de rosa. Pero ese día comencé una nueva vida que jamás me habría imaginado».

El primer contraste fue el del clima. Aquel día hacía frío en Madrid y la familia Monterroso venía con una indumentaria más propia de la cálida temperatura hondureña durante todo el año. «Todavía conservo la camisa con la que vine y mi mujer también».

Sí que es cierto que Osman y su familia empezaron de cero, pero también lo es que empezaron de cero a lo grande con cargo a los 2.000 euros que traían en efectivo. «Las primeras horas se produjeron lloros constantes». Hasta ese momento la familia vivía en Honduras, en un chalé con piscina, y a partir de entonces «compartíamos piso con la prima de mi mujer y el español».

Era un piso de cuatro habitaciones «grande y bonito», recuerda Osman. «Mis hijos ocupaban una habitación; mi mujer y yo, otra; y el español y la prima, otra, aunque ella casi nunca estaba en casa porque trabajaba de interna y solo venía los viernes por la noche».

A pesar de la amplitud de la vivienda, donde sobraba incluso una de las habitaciones, la familia no terminaba de sentirse cómoda en ella. Les resultaba raro dormir bajo el mismo techo de alguien desconocido. Y eso a pesar de que «el español nos trataba con confianza, como si fuéramos de su propia familia».

Tras la instalación se fueron al supermercado y después de una abultada compra de 180 euros le llegó el turno a la indumentaria. «Nos llevaron a la calle Alcalá para comprar ropa. Solo traíamos un par de mudas y lo que llevábamos puesto».

Al final del día todavía les quedaba un pago más que afrontar. «La prima de Yadira me dijo que debíamos ayudar a su chico con el alquiler». Y acompañó sus palabras con una mentira: «Nosotros tenemos que pagar la luz, que son cuatrocientos euros, trescientos de gas y 150 euros de agua. Vosotros podéis ayudarnos con trescientos euros». Osman sacó inmediatamente la cartera de su bolsillo y le entregó la cantidad que le habían indicado. «Poco tiempo después comprobé que esos gastos no eran los reales».

De esta forma, la familia no llevaba ni veinticuatro horas en España y, entre la compra, la ropa y el adelanto del alquiler, ya se había gastado un dineral. Pero a pesar de traer tan solo 2.000 euros en efectivo, el ritmo seguía siendo frenético. En aquellos primero días también hubo espacio para las comilonas. «Todos los sábados y los domingos nos llevaban a un restaurante caro en Xanadú y pagábamos unos 160 euros por comer».

De cualquier forma, los 2.000 euros no hubieran dado para nada más que para una instalación breve y temporal en España. Sin embargo, pese a lo que puede parecer, el despilfarro no era tal, sino más bien una especie de acuerdo con la prima de Yadira, con la que habían convenido que cuando se les acabara el dinero, y hasta que encontraran un trabajo, ella se haría cargo de todos los gastos.

«Nosotros éramos nuevos. Íbamos a donde nos decían y nos pedían que nos encargáramos de pagar todo. Lo aceptábamos porque ella siempre me decía: "Osman, paga tú y no te preocupes, que si te quedas sin dinero después respondo yo". Esas eran sus palabras».

Con esta actitud el dinero tan solo duró veintiocho días. «En ese tiempo todo fue bonito. Entrábamos, salíamos, no nos privábamos de ningún plan...», pero todo cambió cuando el dinero se acabó. Entonces se acabó lo bueno.

La confesión de Áxel

Los primeros días fueron especialmente difíciles para Áxel. «Se despertaba a las dos de la mañana llorando» y Osman y

Yadira estaban desconcertados porque todavía no conocían el secreto que guardaba su hijo.

«"¿Qué te pasa?", le preguntaba yo. "Nada, nada", era siempre su respuesta».

Osman estaba preocupado por su hijo y le preguntaba frecuentemente por su estado de ánimo. «Un día, por la tarde (debían de ser las 14:00 horas, aproximadamente), estábamos en la habitación viendo la televisión y volví a insistir: "¿Qué te pasa, hijo? Dime, ¿qué te pasa?"». Hasta ahora le parecía raro que Áxel se mantuviera tan callado porque «siempre trato de darles mucha confianza a mis hijos». Sin embargo, en aquella ocasión el niño no dio la misma excusa de siempre, sino que le confesó que soñaba habitualmente «con lo que miré».

—¿Y de qué se trata?

—No te he dicho nada. Me quedé callado. Yo miré cuando Merco mató al vecino Mario.

—¿¿Qué??

—Sí, padre. Yo miré cuando agarró una pistolota grande, un rifle (en realidad, una AK-47), y empezó a dispararle. Y siguió disparando y disparando. También se sacó una pistola pequeña y siguió disparando. Justo cuando la sacaba me vio. Yo estaba cerca y salí corriendo, pero en ese momento se escucharon otros disparos desde la acera de enfrente (alguien de la zona disparó al aire para asustar a los sicarios). Merco, entonces, se asustó y se subió a la moto para salir huyendo, pero se me quedó mirando.

Osman no daba crédito. De pronto comprendió la situación de su familia. No se habían convertido en objetivo de la Mara Salvatrucha por investigar el motivo de su despido. No, los buscaban para matarlos porque Áxel había visto a Merco ejecutar a su vecino. Su «delito» era ser testigos de un asesinato.

Áxel se encontraba jugando al fútbol en la vivienda familiar, rememora su padre. Desde allí se veía perfectamente la vivienda de Mario. El chico fue testigo del crimen, pero el suceso podría haber caído en el olvido de no ser porque uno de los sicarios (Merco) en un momento de la ejecución se quitó el casco. Por eso le reconoció Áxel.

«Fue a él a quien le dejé el autobús cuando me fui a Estados Unidos de ilegal. Entonces no era sicario. Empezó a meterse en la pandilla durante mi ausencia. Cuando regresé de EE. UU. mi jefe me dijo: "Mala recomendación me hizo con Merco". "¿Por qué? ¿Ya no sigue con usted en el autobús?", le contesté. "No sigue, pero no le puedo decir por qué, porque son cosas muy delicadas". A mi regreso, Merco había dejado la empresa para convertirse en sicario de la Mara Salvatrucha».

Hijos con traumas

Tras la conversación padre-hijo, Áxel se quedó más tranquilo. Sin embargo, «seguía soñando con el suceso y tenía que seguir durmiendo con nosotros»[18]. También Olga «tenía pesadillas por las noches por lo que había sucedido y por el cambio tan grande de vida. Era una nueva cultura, un nuevo país, sin nadie, sin amigos… Estaba traumada y lloraba, lloraba y lloraba».

---

18. «Desde que fue testigo del asesinato (ya han pasado bastantes años) Áxel no puede dormir solo. Incluso ahora duerme todavía en la misma habitación que su hermana. Y cuando ella se va coge la cama y la pone en nuestro cuarto».

Por todo ello, la trabajadora social «nos recomendó llevar a los niños a un psicólogo para que les ayudara a superar las secuelas psicológicas».

Capítulo 10
España, empezar de cero

Tras veintiocho días y todavía sin trabajo, «se nos acabó el dinero». Era el mes de octubre. Ahora le tocaba responder a la prima de Yadira, que había alentado a la familia Monterroso a gastar su dinero con alegría, prometiéndoles que cuando se les acabara llegaría su turno. Pero incumplió su palabra y entonces «empezó el calvario».

A pesar de su promesa, la prima cambió radicalmente de actitud cuando se esfumó el dinero. «Nos empezó a mirar mal, como si fuéramos unos extraños», recuerda Osman. «Antes de que se acabara el dinero solíamos salir todos juntos a comer, pero después empezaron a salir ellos dos solos y no nos invitaban».

Los planes del matrimonio solían tener lugar los viernes, que era el día que ella volvía de su trabajo como interna en una casa. «Salían por la noche y volvían alrededor de las cuatro de la mañana». Esto no hubiera sido un problema de no ser porque «ella nos prohibió salir de la habitación hasta que ellos se despertaran». No querían que nadie les molestara. «Recuerdo un día que no se levantaron hasta las tres de la tarde y hasta esa hora estuvimos encerrados en la habitación sin comer». Cuando se despertaban tarde «mis hijos pasaban hambre».

Otra de las prohibiciones de la prima «desde que se nos acabó el dinero» tuvo que ver con el agua. «Nos decía que estaba muy cara en España y solo nos dejaba ducharnos una vez a la semana». Pero, además, esa ducha semanal no podía alargarse más de «uno o dos minutos. Nos controlaba el tiempo».

Ante esta situación, sin dinero y excluidos de las comilonas de sus anfitriones, «empezamos a pasarlo mal». A la familia no le quedó más remedio que acudir a Cáritas a pedir comida. «Si no llega a ser por ellos no sé qué habría sido de nosotros», asegura Osman.

El primer contacto que Monterroso tuvo con Cáritas fue gracias a la parroquia de su barrio, que casualmente se encontraba enfrente de su casa. «Yo veía que la gente iba allí a recoger comida y entonces un día me acerqué a preguntar». Pero la primera impresión fue muy mala. «El señor que me atendió de primeras me soltó: "¿Por qué venís a España y no os quedáis en vuestros países? España está en crisis"». Sin embargo, como llevaba todos los documentos necesarios («la hoja de empadronamiento y la fotocopia del pasaporte de mis hijos»), esta persona no tuvo otra opción más que apuntarles. Así, en el mes de octubre empezaron a recibir comida de la Iglesia con asiduidad.

La familia estuvo recibiendo esta ayuda hasta diciembre, aunque con lo recibido no les llegaba para pasar todo el mes. De esta forma, los Monterroso completaban la lista de la compra «con lo que nos daban las monjitas que vivían al lado del colegio de los niños». Un día una religiosa «iba cargada con la compra por la calle y yo, sin segundas intenciones, me acerqué para ayudarla». Con gran facilidad entablaron una conversación. «Me fue preguntando y terminé por contarle lo que nos había sucedido». Entonces la monja invitó a la familia de Osman al convento para que se conocieran un poco mejor. «Les parecimos una buena familia y nos empezaron a ayudar con la comida».

Pero a la familia, más concretamente a Yadira, no le dieron un pescado, sino el carné del coto de pesca. «La monja me preguntó si mi mujer estaba trabajando y, al decirle que no, me dijo que cuando fuéramos al convento lleváramos una solicitud de empleo. La pusieron la primera en la lista por la situación tan mala que estábamos pasando».

Las religiosas le terminaron consiguiendo un trabajo a Yadira justo enfrente de la casa familiar. «Era para cuidar a una señora. Le pagaban cuatrocientos euros al mes. Era de lunes a sábado, de diez de la mañana a siete de la tarde».

También hasta el mes de diciembre (cuando a Yadira le salió el trabajo) los hermanos de Osman que vivían en EE. UU. les estuvieron mandando dinero. «Ponían cien dólares entre todos y nos llegaban como unos 64 euros». Entre esta ayuda, lo de Cáritas y las monjas «podíamos sobrevivir».

El colegio de los niños

Con la comida asegurada, el siguiente paso era la educación. A Olga la apuntaron a un colegio público y a Áxel, a uno concertado en el que le dieron plaza. «Hablé con la directora y le dije que no podíamos pagar. Me dijo que no había ningún problema», afirma Monterroso.

Tampoco lo hubo con la adaptación de Áxel. «Se integró muy bien. Yo le llevaba y le recogía del colegio porque por aquel entonces no tenía trabajo. Se lo pasaba bien, aunque su problema lo seguía teniendo por las noches».

A Olga, sin embargo, sí le costó más hacerse a su nueva vida en España. «Era mayor, tenía trece años y en su colegio solo había otra inmigrante más, de Ecuador. El resto eran españolas. No la trataron mal, pero el cambio cultural fue muy grande». También lo fue el cambio a nivel escolar. El sistema educativo es muy diferente «y Olga, con el cambio, perdió muchos años. Tuvimos que hacer bastante papeleo para ver en qué curso la ponían». Al final las autoridades decidieron que se enganchara en segundo de la ESO. «Le costó mucho, pero al final, con dieciocho años, se sacó la Educación Secundaria Obligatoria».

En ese momento la familia Monterroso se encontraba muy establecida. «Teníamos comida, Yadira tenía trabajo y los niños iban al colegio». Pero todo se fue al traste cuando «la prima nos echó de casa».

La prima de Yadira tomó esta decisión precipitada después de que la familia Monterroso le pidiera permiso para recibir la visita de una amiga. Se trataba de una hondureña, con doble nacionalidad, que vivía en Almendral de la Cañada y estaba casada con un ecuatoriano. «Era amiga nuestra porque de joven había sido compañera de trabajo de Yadira en una fábrica. La volvimos a ver en España después de seis años».

La compatriota hondureña (Cintia) quería visitar a sus amigos, aprovechando que se encontraban en el mismo país y que hacía mucho tiempo que no se veían. «Le pedimos permiso al español y él nos dijo que sí. Nos dijo que no había ningún problema». El encuentro se fijó para el 1 de enero. Ella vendría desde Almendral de la Cañada exclusivamente para ver a sus amigos hondureños.

Cuando se enteró la prima de Yadira «vino a nuestra habitación» y dijo:

—Vamos a ver. ¿Vosotros sois los dueños de la casa? ¿Quiénes os creéis para ir invitando gente a casa?

—Pero si hemos preguntado. Si nos hubiera dicho que no les podíamos invitar, no la habríamos invitado. Pero nos dijo que sí.

—Ustedes no son los dueños de la casa. Y yo aquí no quiero a nadie.

—Cómo has cambiado. No eres la misma de Honduras —le dijo Yadira.

—¿Cómo puedes decir eso? Yo nunca he convivido contigo.

—Claro que sí, hace treinta años, en Pineda —le confirmó Yadira sin querer insistir más.

La visita de Cintia perturbaba tanto a la prima que pocos días después de esta conversación «entró en nuestra habitación y delante de los niños me dijo que estábamos muertos para ella».

Ante esta situación, la visita se produjo, pero el lugar de encuentro no fue la casa donde la familia Monterroso estaba alojada, sino un parque cercano. Allí «le comentamos lo que estaba pasando». Tras una larga conversación, «fuimos a Sol y, después, a un restaurante de KFC. Ella lo pagó todo, incluso nuestros billetes de metro de vuelta. Nosotros no teníamos nada de dinero». Los amigos se separaron al llegar a la casa del español. «Entonces Cintia me dijo: "A la hora que sea, cualquier problema que tengas me lo dices, por favor. Yo voy a hablar con mi casera para explicarle la situación. No te prometo que te voy a mantener, porque te tienes que buscar la vida y yo sé que tú estás capacitado para sacar todo esto adelante"».

Dos días después de este incidente las cosas se torcieron aún más. «El español nos dijo que nuestra prima nos daba un mes para irnos de casa. "Las cosas no pueden seguir así. Ella no está contenta. Así que de aquí a un mes tenéis que buscar otro sitio a donde ir", me dijo».

A pesar del ultimátum, Osman se sentía relativamente tranquilo. El abogado de CEAR (Comisión Española de Ayuda al Refugiado) le había hablado de la existencia de un refugio al que podían acudir quienes no tuvieran nada, «aunque nos dijo que no era un sitio muy recomendable. Pero si nos echaban de casa y yo no encontraba nada, por lo menos me quedaba la solución del refugio».

Un día después, sin embargo, las cosas fueron a peor. Los dueños volvieron a bajar el plazo para que se fueran de casa. Veinticuatro horas antes les habían dado un mes para abandonar el domicilio, pero ahora el plazo se redujo a la mitad. «Osman, necesito que te vayas dentro de quince días».

Pero la cosa no quedó ahí. «Al día siguiente, viernes, el ultimátum se hizo efectivo: "Osman, hoy por la noche viene la prima de Yadira y me ha dicho que no les quiere ver aquí". Es decir, en tres días nos largó de su casa».

Ante la nueva situación, la relativa calma de Osman y su familia se transformó de improviso en angustia. Debían encontrar una solución y debían hacerlo de forma inmediata. Entonces se acordó de su amiga hondureña de Almendral de la Cañada y la llamó. «Me dijo que justo ese día, que era viernes, salía el autobús para Almendral de la Cañada a las 18:30 horas. "No lo pierdas, porque el autobús solo va los viernes y los lunes. Coge el autobús con tu familia en Méndez Álvaro y vente para acá, que aquí te vamos a estar esperando"».

Pero Osman no tenía dinero para comprar los billetes. Lo que sí tenía era una deuda y se dispuso a cobrarla. «Yo había ido a trabajar cinco días con un amigo hondureño. Lo conocí en la iglesia evangélica, nos hicimos amigos, habló con su jefe y me consiguió un trabajo. Era para limpiar las rayas blancas de un garaje. Lo que había que hacer era amarrarse al zapato una esponja o un trozo de tela e ir limpiando todas las rayas». Pero todavía no le habían pagado y, por ello, se puso en contacto con el compatriota que le había conseguido el trabajo. «Le expliqué la situación para que hablara con el jefe y que me dieran los sesenta euros que me debía».

Ante la situación tan desesperada, «mi amigo me dijo que fuera enseguida para allá, que me adelantaba lo que se me debía y que luego él ya haría cuentas con el jefe». De esta forma, fue hasta la parada de metro de Valdecarros, en Madrid, y su amigo no solo le dio los sesenta euros en concepto de sueldo por la limpieza de las líneas del garaje, sino que también le dio veinte euros más.

Osman volvió a la que pronto dejaría de ser su casa «y a las 16:30 horas nos sacaron de la vivienda». Fue un trámite rápido, no tenían muchos bultos. Habían venido a Madrid sin nada. Una vez en la calle, en el barrio madrileño de San Blas, pararon un taxi para que les llevara con cierta urgencia hasta la estación de autobuses de Méndez Álvaro. Allí tomaron el bus en dirección a Almendral de la Cañada, donde debían volver a empezar de cero y a donde llegaron sobre las 20:30 horas. «Cintia nos estaba esperando en la parada».

Desembarco en Almendral de la Cañada

Sin embargo, su desembarco no fue tan fácil como parece a primera vista. Tuvieron que sacar a los niños del colegio, debían pensar y pagar un sitio en el que alojarse y había que resolver el traslado de Yadira hasta su lugar de trabajo. Y todo eso con poco más de doscientos euros en el bolsillo. «Yadira llevaba un mes trabajando y cobró cuatrocientos euros, pero su prima le quitó cien para comprar la comida de Navidad. Otros cien euros los empleamos en comprar ropa para todos. Decidimos guardar el resto para imprevistos como el de ahora».

La familia Monterroso llegó al pueblo castellanomanchego un viernes después de que Yadira, que habitualmente trabajaba los sábados, cambiara su día de trabajo. «Antes de que llegáramos Cintia había hablado con una amiga suya del pueblo y le preguntó si nos alquilaba su casa». Lo haría por doscientos euros, que era prácticamente el dinero que les quedaba. En sus bolsillos solo había ya treinta euros, «pero por lo menos teníamos casa asegurada durante un mes y mi mujer tenía un trabajo». Aunque esto último cambió el lunes.

Pasado el fin de semana, Yadira fue a trabajar, pero la señora le dijo que no podía seguir contando con ella. «Extrañada, mi mujer le preguntó a qué venía ese cambio de actitud tan repentino. Le confesó que había ido una chica morena a hablar con ella y que le había dicho que si seguía ofreciéndole trabajo la iba a denunciar». Al parecer, la prima no había tenido suficiente con echarlos de casa, sino que «nos quería ver derrotados completamente»[19]. Así, Yadira tuvo que volver al pueblo con su marido el mismo lunes. De esta forma, en sus bolsillos seguían quedando solo treinta euros. «Teníamos casa asegurada durante un mes, pero mi mujer ya no tenía trabajo».

Ahora la prioridad era encontrar un trabajo con el que poder subsistir en el pueblo, algo que no resultó difícil del todo gracias a la locuacidad de Osman. «Soy muy platicón y enseguida me pongo a hablar con cualquiera. Así, desde que llegamos empecé a hacer amistad con la gente».

Su primer amigo fue el panadero, que se terminó convirtiendo en su primer jefe. «Necesitaba pintar la panadería y me pidió que le echara una mano. Yo nunca había cogido una brocha. Había consagrado toda mi vida a los autobuses (desde los catorce hasta los cuarenta años). Lo que sí sabía un poco era hacer pan, que lo hacía de pequeño con mi abuela y luego lo vendía por las calles de Honduras».

Una vez pintada la panadería, «me fue dando otros pequeños encargos, por los que me pagaba cinco euros la hora». A veces el trabajo duraba todo un día; a veces, tan solo un par de horas. «Tenía un terreno e íbamos a desbrozar. Hicimos también una cerca de piedras con alambres. Yo no tenía ni idea, pero él me iba diciendo lo que tenía que hacer». Cada semana Osman solía ganar unos setenta euros, con lo que podían ir comprando comida y ahorrando para pagar la casa.

Pronto las chapuzas de Osman se vieron complementadas con un nuevo trabajo que le salió a Yadira gracias a Cintia. «Se

---

19. «Yo todavía no la he perdonado. No así Yadira, que la ha perdonado e incluso, de vez en cuando, habla con ella».

metió un día en internet y le encontró un trabajo en el pueblo de Santa Olalla. Le pagaban seiscientos euros por cuidar a una señora». Aceptó de inmediato, aunque eso le supuso muchas horas de insomnio y que se tuviera que separar temporalmente de su familia.

«La señora, que se llamaba Ramona, no dormía bien y constantemente requería a Yadira por la noche». Por otro lado, sus nuevos jefes necesitaban que se quedara a trabajar los fines de semana, de tal forma que solo podía librar en alguna ocasión entre semana. Todo ello hacía conveniente que Yadira se fuera a vivir al pueblo, a la misma casa de Ramona y de su hijo, conductor de ambulancia.

Poco tiempo después perdieron a un segundo miembro de la familia. Olga se fue interna a un instituto en Talavera de la Reina. «Cuando llegamos al pueblo apuntamos a Áxel al colegio». Pero en Almendral de la Cañada no había instituto y, además, «Olga no quería estudiar de ninguna forma». Por otro lado, «yo no sabía que en España era obligatorio el colegio». En estas circunstancias, «Cintia me acompañó un día a la residencia escolar en la que estaba su hijo sacando la ESO». Ambos se entrevistaron con la directora y le expusieron la situación familiar de Osman. Le dijeron que no tenían recursos y que su hija Olga no quería estudiar.

—Pero ¿cuántos años tiene tu hija?
—Trece.
—Tu hija tiene que estar estudiando; si no, puedes tener problemas con las autoridades. Además, si ya estuvo escolarizada anteriormente ya está fichada.

Al llegar a casa, Olga escuchó una mentira por boca de su padre. «Le dije que si no estudiaba me podían meter preso o a ella se la podrían llevar los servicios sociales». Surtió efecto. La niña dijo que sí, que volvería a estudiar, y así lo hizo. A partir de entonces Áxel y Osman estaban en Almendral de la Cañada; Yadira, en Santa Olalla; y Olga, en la residencia de Talavera de la Reina. Separados pero con trabajo y logrando mantenerse.

Esta fue la situación de la familia entre enero y julio de 2013. Algo insostenible porque casi no se veían. De hecho, madre e hija estuvieron muchos meses sin coincidir. Olga llegaba a casa los viernes y se iba los lunes a las 6:00. Y Yadira trabajaba los fines de semana y libraba entre semana.

La que peor llevaba esta situación era Yadira. El trabajo la extenuaba e incluso se desmayó en dos ocasiones y «la tuve que llevar a urgencias». Tras su paso por el hospital pudo quedarse un día en casa, pero a la mañana siguiente hubo de coger el autobús de las seis de la mañana para presentarse de nuevo en su trabajo. «Yo le sugerí que lo dejara. Esa vida la estaba matando», asegura su marido. Además, «éramos una familia muy acostumbrada a estar junta» y la separación les estaba pasando factura. De hecho, «por aquel entonces a Yadira se le disparó el azúcar y todavía hoy sufre por ello».

En esta situación, la familia Monterroso aguantó en Almendral de la Cañada hasta el mes de julio. Cuando hubieron hecho algunos ahorros se volvieron para Madrid. Antes de recalar en la capital aumentaron sus ingresos gracias a un nuevo trabajo que le salió a Osman. «Era para los sábados y domingos. Tenía que venir al piso de debajo de este mismo edificio. Me salió gracias a un amigo hondureño. Él trabajaba de interno en el piso de abajo y, para él poder librar los fines de semana, necesitaba a una persona que trabajara los sábados y los domingos. Me llamó para ver si me podía venir y le dije que sí». El sueldo se estableció en noventa euros, con los que, sumados a los ochenta que conseguía en Almendral, «nos llegaba para sobrevivir».

El trabajo, «muy agradable», consistía en cuidar al señor Alfonso. Era una dedicación relativamente sencilla, gracias a la cual surgió un segundo trabajo. «Un día entró en casa una tal Carmen. Alfonso presumió ante ella de los dos chicos que le cuidaban. "Ay, pues mi hijo va a necesitar que alguien esté más tiempo conmigo porque la chica que me atiende solo viene tres horas porque no quiere estar todo el día aquí", dijo Carmen». Osman interpretó estas palabras como una oportunidad para que Yadira pudiera dejar el trabajo tan extenuante que tenía. Por este motivo le pidió a su empleador que le ayudara con el trabajo de su esposa:

—Señor Alfonso, mi mujer está sin trabajo. ¿Por qué no me echa una mano y habla con su cuñada?

—Vete. Vete ahora mismo y dile que te mando yo.

Osman salió disparado para hablar inmediatamente con Carmen, que vivía enfrente.

—Señora Carmen. Mire, soy el chico que trabaja con el señor Alfonso.

—Pasa, pasa. ¿Qué quieres?

—Mire, es que yo escuché que usted iba a necesitar una chica para ayudarla y justo mi mujer está sin trabajo de aquí para allá.

—Qué bien. Pues yo hablo con mi hijo.

Poco después de hablar con Carmen, la hija del señor Alfonso apareció por la casa familiar para visitar a su padre. Entonces «aproveché la visita para contarle también a ella la situación. Su tía iba a necesitar una chica y Yadira estaba sin trabajo...».

Tras escuchar a Osman, Ángela sacó el teléfono de inmediato y llamó a un tal Gregorio (su primo): «¿Qué tal, Gregorio? Mira, acaba de venir mi tía por aquí y ha dicho que necesita otra chica. Pues te voy a recomendar a la mujer del chico que cuida a mi padre. Es que la chica es muy maja».

La hija de Alfonso no conocía a Yadira de nada, pero veía a su padre contento y esa era la mejor referencia. Así, el tal Gregorio recibió recomendaciones de Yadira por parte de su propia madre y de su prima «y un día me llamó. Era un día entre semana, porque estábamos en el pueblo».

—¿Tú eres Osman, el que cuida a mi tío y que su mujer está sin trabajo?

—Sí, sí. Soy yo.

—¿Cuándo puedes venir con tu mujer para que la entreviste?

—Pues mire, los viernes hay autobús por la mañana y por la tarde.

—Genial, pues quedamos el viernes.

La entrevista fue una conversación entre amigos más que otra cosa. Así Yadira consiguió trabajo y la familia al completo se trasladó a Madrid, donde siguen viviendo en la actualidad.

Capítulo 11
Desembarco definitivo en Madrid

Ambos con trabajo relativamente estable (ella cuidando a la madre de Gregorio y él atendiendo los fines de semana al señor Alfonso), la familia decidió instalarse en Madrid en julio de 2013. La zona elegida de residencia fue Vallecas, donde estaban situados sus puestos de trabajo. Concretamente, se fueron a vivir a una vivienda propiedad del actual jefe de Osman. La oportunidad surgió durante la misma entrevista de trabajo. «El señor Gregorio me dijo que tenía unos pisos. Eran el cuarto y el segundo del edificio en el que actualmente vivo. El 2º A lo tenía alquilado, pero el inquilino se iba el 30 de junio y podría alquilármelo a mí», explica Osman. Hasta entonces vivían en el pueblo, donde pagaban doscientos euros por un chalé.

Así, el 30 de junio contrataron una furgoneta por 150 euros para trasladar «las poquitas cosas que teníamos» desde Almendral de la Cañada hasta Vallecas. «Pero cuando estábamos llegando llamé a Gregorio y me dijo que la persona que se tenía que ir el día 30 no se había ido y le había pedido quince días más». Osman y su familia no podían entrar en la casa, pero ya tenían aparcada la furgoneta en el portal. «Entonces él me dio la opción de ir al cuarto piso. Me dijo: "Es mío, pero está deshabitado desde hace mucho tiempo. Solo tiene la cocina, no tiene nada más". Pero como yo ya estaba aquí y no tenía otro lugar a donde ir, pues le dije que me quedaba allí».

No había nada. «Tuve que comprar platos desechables, tenedores, cucharas…». La comida de nevera «nos la guardó la madre de Gregorio». Sin embargo, la situación fue temporal y no duró más de siete u ocho días. El inquilino del segundo se marchó «y nos entregaron el piso en el que vivo desde entonces». Desde entonces se forjó entre el arrendador y el arrendatario una profunda amistad, que todavía hoy perdura. A ello también ayudaron las extraordinarias facilidades de pago que le brindó uno al otro. «Le estoy muy agradecido y ahora tenemos una gran confianza».

La época de los mercadillos

Pronto Osman se quedó en el paro. De hecho, con el señor Alfonso solo estuvo trabajando tres semanas. «Un amigo de la familia se quedó sin trabajo y decidieron que sería él quien se encargaría de los cuidados». Pero la gran locuacidad de Osman volvió a conseguirle pronto una nueva fuente de ingresos. La escena sucedió en un parque. Allí conoció a Donato, un compatriota hondureño con el que entabló conversación: «Le pregunté dónde trabajaba él. Me dijo que en el mercadillo y entonces le expliqué que estaba sin trabajo y le pedí ayuda». Fue inmediato. «Donato sacó el teléfono y llamó a una persona. Me consiguió trabajo en un mercadillo». Aunque las condiciones eran pésimas: Osman debía presentarse a las cinco de la mañana y trabajar hasta las 16:30 por quince euros al día. Así estuvo cerca de dos años y medio trabajando en el mercadillo.

Abusos en los mercadillos

Sin embargo, había algo más humillante para Osman que las duras condiciones de trabajo con las que conseguía apenas sobrevivir: los abusos a los que fue sometido. Como inmigrante sin papeles, era carne de abuso de poder, de estafa. No eran pocos los que ante su situación trataban de aprovecharse de él.

Un buen ejemplo es Mercedes. «Me estuvo engañando muchísimo tiempo. Me decía que me iba a hacer los papeles y, llegado el momento, siempre ponía un pretexto». Pero no solo le engañaba con la situación legal, también con la retribución justa para ese tipo de trabajo. «Me daba cuarenta euros por trabajar desde las ocho de la mañana hasta la una de la mañana del día siguiente. Dormía poco más de tres horas y a las 4:30 volvía a estar en pie para ir a vender al mercadillo. Ese segundo día llegaba a casa a las 17:00». Se dedicaba a preparar la venta y, al día siguiente, a atender el puesto en el mercadillo. «El miércoles ya no tenía hora, pero yo iba temprano a envolver la mercancía en periódicos. Trabajaba de 8:00 a 13:00 y me daba diez euros». Tras el palizón, el jueves y el viernes los tenía libres. Y el sábado, vuelta a empezar: «Llegaba a la nave a las siete de la mañana y estaba allí hasta las 18:00 preparando el material para ir al mercadillo de plaza de Castilla». Por todo este día de trabajo Osman se embolsaba veinte euros y otros treinta el domingo, que «estaba en mi puesto de trabajo a las 6:30 para levantar el puesto y concluía a las 15:00 con la recogida, en la que empleábamos cerca de una hora y media». El lunes recomenzaba la rutina.

«Estaba agotado, pero lo que no quería era que mis hijos pasaran hambre. Yadira trabajaba para la casa, para la luz, para el gas, el agua… y poco más. Yo, con lo que ganaba, iba comprando leche, zumo, arroz, carne… Con eso y con lo que nos daba Cáritas (donde también trabajaba de voluntario) podíamos comer. Cáritas fue una de las instituciones que más me ayudó». Esta era otra de las razones para continuar, a pesar de las condiciones: que con el sueldo le podía comprar alimentos a su familia.

El timo de la pollera

Paralelamente al mercadillo, Osman pintaba casas para aumentar sus ingresos. «Bueno, en realidad ayudé en un par de ocasiones a Herson a pintar una casa». Sin embargo, la experiencia se acabó rápido.

El hondureño era muy amigo de la dueña de la tienda de pollos del barrio y le pidió que si alguien le preguntaba por un chico para trabajar le diera sus referencias. «Un día me preguntó si sabía de pintura y yo le hablé de mi amigo Herson. Necesitaba que alguien le pintara el piso a su vecina de enfrente». Según las explicaciones, debía ser «alguien de confianza y que no le cobrase muy caro».

El acuerdo se fijó en algo más de cuatrocientos euros y «la vecina nos dio la mitad por adelantado para comprar pintura y el resto de materiales», rememora Osman Monterroso. El problema surgió cuando Herson se marchó, dejando inacabado el trabajo. «A pesar de todo, yo terminé con lo pactado, pero la dueña de la casa aprovechó la espantada para no pagarnos lo que nos debía».

Gregorio y su oferta de trabajo

Del mercadillo logró salir cuando le concedieron el permiso de residencia y trabajo. Para lograrlo (entre otras cosas) hubo de presentar una oferta de trabajo con contrato indefinido. Lo que para muchos es una utopía Osman lo consiguió gracias al antiguo jefe de Yadira, Gregorio. «Me quería contratar desde hacía mucho tiempo, pero no podía por el tema de los papeles. Es una persona muy legal. Me decía: "Cuando cumplas el tiempo para solicitar el permiso de residencia y trabajo por arraigo, yo te voy a dar un contrato de trabajo, pero mientras no puedo. Hay muchas inspecciones y mi empresa siempre ha estado con las manos limpias". En cuanto cumplí los tres años me ofreció el puesto de trabajo en su empresa».

Era lo que siempre había estado soñando, un trabajo estable en España. Mucha gente le había engañado y se lo había prometido. Por ejemplo, Mercedes, con la que «aguanté a pesar de las duras condiciones de trabajo por la promesa de los papeles» y por el sueldo que recibía, con el que podía hacer la compra.

El abogado Horacio fue quien se encargó de tramitar el arraigo. Era indispensable tener un contrato de trabajo indefinido y haber vivido al menos los tres últimos años en España. «También tuvimos que rellenar mucha documentación y Gregorio nos facilitó todo lo que hizo falta. Realmente, nos echó una mano en los momentos más difíciles. Es de las personas con la que más voy a estar agradecido», asegura.

Capítulo 12
Denegación del asilo

Pocos días después de la confesión de Áxel, Osman inició los trámites para pedir asilo político en España. Habían entrado con visados de turistas, lo que, técnicamente, les obligaba a volver a Honduras a las pocas semanas. Pero esto no entraba en los planes de la familia. Volver suponía una muerte segura.

«No conocía nada de España, así que el marido de mi prima fue quien me indicó los primeros pasos que debía dar». También «me ayudaron en la iglesia evangélica a la que iba. Había un hondureño que ya había pedido el asilo y, después de contarle todo nuestro caso, fue él quien me pasó los números de teléfono a los que debía llamar y las direcciones que debía visitar».

Así, Osman recaló en CEAR (Comisión Española de Ayuda al Refugiado). «Con ellos fue con quienes presenté los trámites de asilo. Tienen un servicio jurídico y nos atendieron muy bien».

Lo primero que tuvo que hacer fue redactar todo lo que había vivido la familia. Lo hizo y le cupo en un folio. Por otro lado, el abogado les informó de toda la documentación que debían traer a una segunda reunión con el fin de presentar la solicitud de asilo político. «A la segunda cita llevé el documento en el que relataba lo ocurrido, todas las pruebas que tenía y la documentación que nos había pedido. Tras este segundo encuentro, el abogado ya nos cogió una cita en inmigración», recuerda Osman.

En la cita con inmigración «nos entrevistó la policía» y lo primero que tuvieron que hacer fue hablarle del contenido del documento. Posteriormente empezaron las preguntas y «nos presionaron mucho, fue bastante duro. Intentaron encontrar incongruencias en nuestro testimonio». Sin embargo, «su estrategia no funcionó y a mis hijos y a mi mujer les dejaron tranquilos».

De allí salieron con una tarjeta roja provisional de asilo, que les daba cobertura para los próximos seis meses hasta que se resolviera de forma oficial la petición. «A los seis meses exactos nos llegó una carta en la que nos informaban de que el asilo había sido denegado. No nos dieron ningún motivo».

De esta forma, rechazaron su solicitud, pero Osman no se iba a dar por vencido tan pronto. Por aquel entonces la familia se había trasladado a vivir a Almendral de la Cañada, pero «viajé a Madrid, me presenté de nuevo en CEAR y, junto con el abogado, tomamos la decisión de recurrir la sentencia». Automáticamente, durante la espera hasta que se celebrara el juicio, a Monterroso le entregaron un permiso de residencia temporal «para que si nos paraba la policía no nos pudieran expulsar a Honduras».

Sin embargo, el permiso de residencia no venía acompañado de uno de trabajo. «¿Y de qué se supone que tenemos que vivir? La única salida es trabajar en negro», concluye. Al final, todo el proceso duró cerca de tres años.

Lío de abogados

Osman presentó el recurso con CEAR, pero el seguimiento del caso lo tenía que hacer un abogado de oficio. Le asignaron una abogada, que debía estar pendiente de su caso y «a la que le entregué toda mi documentación». Pero tras un primer contacto nunca más dio señales de vida. «Ni me llamó ni me contestaba el teléfono. Nunca me dio ningún tipo de información».

Ante tales circunstancias y después de la presión del cliente en el Colegio de Abogados, «me asignaron un segundo abogado». La experiencia no fue mucho mejor. «La primera vez que nos vimos me dijo literalmente: "Para la miseria que me paga el Estado por ser tu abogado de oficio, no puedo estar con tu caso todo el tiempo. Esto tiene que fluir solo. Yo no tengo nada que ver; a mí solo me pasan información y me pagan una miseria"». En el segundo encuentro «casi ni me atendió. Intenté contactar con él una tercera vez, pero ya ni siquiera me recibía. Yo solo le preguntaba cómo iba mi caso y en qué estado estaba».

Harto, se presentó un día en el Colegio de Abogados de Madrid para presentar una queja; sin embargo, nada cambió. «Así que, como el abogado pasaba de mi caso y nadie me daba una solución, empecé yo mismo a hacer todas las gestiones. Iba a preguntar a la institución en la que se estaba tramitando mi caso. Los primeros días me decían que era mi abogado el que tenía que hacer todas esas gestiones y se negaban a darme la información, pero después de revelarles mi caso empezaron a darme cuenta del estado del recurso». Osman se implicó al máximo durante los tres años que duró el procedimiento, pero al final el recurso no prosperó[20].

---

20. «Yo insistí en pedir asilo político, pero me equivoqué. No me lo concedieron. Un abogado amigo me dijo posteriormente que, en mi caso, era mejor haber solicitado protección internacional».

De esta forma, la familia Monterroso pasó a estar en una situación irregular en España. «Me sentía fatal. Yo sabía que, a partir de ese momento, si me paraba la policía y me mandaba a mi país la mara me mataría junto con mi familia. La deportación equivalía a un asesinato por parte de los pandilleros. La expulsión suponía, casi con total seguridad, perder la vida». La única buena noticia «fue que cuando me comunicaron que el recurso no había prosperado no me entregaron carta de expulsión. Me denegaron el recurso, pero nadie me dijo que me tenía que ir de España».

Cuando le denegaron el recurso, Osman se sintió «pequeñito, impotente y no sabía qué hacer». También «tenía miedo». Pero no estaba todo perdido. Todavía había una posibilidad. Cualquier persona que lleve tres años o más en España puede solicitar el permiso de residencia por arraigo[21]. Y el recurso de la familia Monterroso duró prácticamente tres años. Es decir, llevaban en nuestro país el tiempo suficiente. Además, podría cumplir con facilidad el otro requisito que se requiere para la concesión de la residencia por arraigo. Es necesario presentar una oferta de trabajo «y yo tenía un amigo que estaba dispuesto a darme trabajo y así ayudarme con lo del arraigo».

Al cumplir todas las condiciones, con la ayuda de un abogado especialista en extranjería pudieron solicitar el arraigo. A los tres meses se lo concedieron[22]. «Me llegó una carta a casa

---

21. Para solicitar el permiso de residencia por arraigo, la persona en cuestión debe llevar al menos tres años viviendo en España y presentar una oferta de trabajo con contrato indefinido. El contrato se hace efectivo una vez se le concede el arraigo.
22. A Osman finalmente le concedieron el arraigo y le dieron un permiso de residencia de un año. «Cuando lo renové me lo dieron de dos años. Luego te dan otro de otros dos años más. Luego te dan otro de cinco años. Después hay uno de diez

en la que se me decía que me habían concedido la residencia para Yadira y para mí. Un mes después tuvimos que ir a poner nuestras huellas y aproximadamente quince días más tarde ya nos pasamos a recoger la tarjeta de residencia y de trabajo. Fue maravilloso. Un momento muy especial. Recuerdo que le hice una foto y lo puse en Facebook. Se lo mandé a todos mis amigos y a mis hermanos de Estados Unidos».

La familia lo celebró por todo lo alto saliendo a comer por ahí y pocos días después, el 1 de marzo, Osman empezó a trabajar en la empresa de Gregorio. Por fin tenía un trabajo normal. Hasta entonces tuvo que soportar las estafas de muchos españoles, que se aprovecharon de su situación y de su desconocimiento de la justicia. Así fue, por ejemplo, en el caso de la señora a la que Osman ayudaba en un mercadillo: «Me decía que me iba a ayudar con la documentación. Luego resultó ser todo mentira», recuerda.

«No solo nos dieron una nueva oportunidad para trabajar aquí, sino que nos libraron de una muerte segura. Volver a Honduras era una auténtica sentencia de muerte para mí y para mi familia. La verdad es que no tenemos pensado volver nunca».

De ello depende la renovación de su permiso de residencia, que recientemente la familia pudo completar por segunda vez satisfactoriamente. La nota negativa la pone Yadira, que actualmente se encuentra sin trabajo, aunque «podemos vivir con el dinero que yo voy ganando. No nos da para hacernos millonarios, pero sobrevivimos», concluye.

---

y luego ya te dan uno de veinte años. Pero mi intención es solicitar la nacionalidad española. El único requisito es llevar dos años contribuyendo a la Seguridad Social. Cotizar dos años».

Capítulo 13
La amenaza sigue vigente

En la actualidad Osman se siente seguro en España, «salvo en episodios concretos». El último pasó hace menos de un año. «En Honduras tenía un compañero de trabajo, en la empresa de autobuses, que también tomó la decisión de venirse a España». Se llamaba Darwin. Entre sus razones se encontraba el asesinato de su hermano a manos de las maras. Pero no era la principal, porque antes de su partida había pisoteado la memoria de su hermano confraternizando con quienes le quitaron la vida y con quienes querían quitársela también a Osman. Por eso al llegar, desde muy al principio, «quiso quedar conmigo a tomar un par de cervezas».

Monterroso se enteró realmente de las malas compañías de Darwin el pasado 1 de mayo de 2018. Ese día «estaba con mi mujer y mis hijos en las celebraciones del 1 de mayo. De pronto me dijeron que se iban a casa y yo les dije que me iba a quedar un rato más para ver qué había por ahí». Entonces se quedó solo en Aluche y fue ahí donde se encontró con Ronald, «un abogado hondureño que se dedica a temas de inmigración» y que estaba con el pintor Herson «y con otra persona muy borracha a la que no conocía. Herson me presentó al abogado y del otro me dijo que no tenía ni idea de quién era ni de dónde».

De pronto el beodo recobró la lucidez y exclamó: «Yo sí que sé de dónde soy. Soy de Honduras, de San Manuel (el pueblo de al lado de El Porvenir, de donde era Osman). Y te voy a dar un consejo para agradecerte que cuando eras cobrador de los autobuses y yo viajaba con mi abuela tú nunca le cobraste a mi abuela por mí: no te fíes de Darwin. Te lo digo porque yo pertenecí a las maras, aunque ya lo dejé para no hacer más daño, y Darwin también andaba con ellos allá».

Darwin había venido a España para vivir con su mujer, «pero no conseguía trabajo, estaba desesperado y se quería volver. Por eso pidió el regreso voluntario». Pero un tiempo antes de tomar el avión de regreso se puso en contacto con Merco para informarle sobre Osman. «Quería llegar como un héroe allí, con galones por haberme matado».

Las llamadas telefónicas de Darwin a Osman se intensificaron conforme se iba acercando el 20 de junio, fecha prevista para el regreso del primero a Honduras. «Me llamaba y me llamaba para salir. Me decía que él se iba el 20 de junio y que el 19 de junio "podíamos salir tú y yo, solos los dos. Nos tomamos una cerveza y nos perdemos por ahí". Pero después de las advertencias del borracho hablé con mi mujer y dejé de cogerle el teléfono. Nunca más le volví a responder».

Darwin entonces retornó a su país, aunque «su historia hizo que me volvieran los miedos. Ahora que ya no está él me vuelvo a sentir seguro, pero cuando estaba mis hijos me decían que no saliera».

¿Nascat en Madrid? ¿Y Franquía?

Como Darwin terminó yéndose a Honduras, Osman no vio necesario acudir a la Policía Nacional, cosa que sí hizo ante las amenazas de Nascat (uno de los sicarios que le perseguía en Honduras) de ir a Madrid. «Tengo la denuncia. Decía que uno de los sicarios tenía intención de venir para acá». Sin embargo, fue solo una intención. No pudo tramitar el viaje porque murió antes de poder subirse al avión. «Lo mató la propia mara a la que pertenecía por jugársela en un tema de drogas».

Otro de los sicarios, Franquía, tuvo que huir después de que la policía iniciara una investigación contra él y sus crímenes. «Me lo contó mi hermano hace apenas tres semanas durante una videollamada. Me dijo que tuviera cuidado, que la mujer de Franquía vivía en Murcia y que era muy probable que él recalara en España». Además, «tenía como misión matar a dos chicos que denunciaron a Merco. Decían que uno estaba en Brasil y el otro en Colombia, pero los dos están viviendo en Madrid, en Laguna. Son primos». Como consecuencia de la denuncia, Merco pasó tan solo dos meses en una cárcel de máxima seguridad.

Sin embargo, «un amigo, Román, me contó que, en realidad, Franquía salió de mojado (de ilegal) hacia Estados Unidos. La policía andaba detrás de él y por eso tenía un pie y medio fuera del país latinoamericano». Sea como fuere, Osman debe seguir teniendo cuidado.

Caravana de migrantes

La historia de Osman, que termina con un final feliz, no es, sin embargo, paradigma de la de muchos de sus compatriotas. Ahí está la caravana de migrantes, miles de personas (principalmente hondureños) que recorren conjuntamente la distancia entre sus países y EE. UU. para minimizar así las inseguridades del camino. Al final es un carrusel de vidas truncadas por la corrupción, la delincuencia y las bandas. Tan solo piden comenzar de nuevo.

«Algunos se han sumado porque no hay trabajo, otros porque están amenazados de muerte, otros porque los pandilleros les dicen que les gusta su casa y se tienen que ir. Todos ellos aprovechan la caravana para marcharse», asegura Osman desde el sofá de su casa.

Entre los desplazados, Monterroso encuentra a varios conocidos. «Tengo unos amigos del pueblo que han salido en una de las caravanas. Carlos, su mujer y sus tres hijos. Han dejado todo para intentar llegar a Estados Unidos. La esposa de Carlos es cuñada de mi hermano». Osman supo de ellos cuando ya estaban en México. Pero no le extraña que se hayan sumado, teniendo en cuenta «las siete u ocho masacres en Honduras en lo que va de año. El temor hace a las personas huir».

Con esta situación, «hay incluso quien deja a sus hijos. Lo hacen por miedo a la pobreza o a las amenazas. Yo me hubiera ido con ellos; era salvar la vida».

A pesar de este drama, hay quien mira con sospecha estos movimientos migratorios forzosos. A todos ellos Osman les diría que «nadie migra por gusto, sino por un motivo». Y este, en la mayoría de los casos, «no se conoce. Tú puedes creer que esa persona viene a aprovecharse de otro país cuando lo que pasa es que está huyendo prácticamente de la muerte. Como mi caso. Yo nunca pensaba en salir de Honduras. Yo tenía una vida tranquila, trabajadora. Yo nunca pensé en irme a España y ahora estoy aquí, aunque muy contento».

Epílogo
Desterrar prejuicios y tender la mano al prójimo

I

Cuando conocí a Osman Monterroso no me pude imaginar que aquel hombre que lucía una gran sonrisa en la cara estaba amenazado de muerte por la Mara Salvatrucha, una organización criminal que ha cometido un sinfín de crímenes y otros actos delictivos y que es una de las responsables de que Honduras sea uno de los países más peligrosos del mundo. De hecho, el país centroamericano ha tenido el triste récord de ser el lugar del mundo con mayor número de homicidios por habitante. Ahora solo le supera, desde hace dos años, Venezuela.

Estaba preparando un reportaje sobre la labor que desarrolla Cáritas con los más necesitados. Aquel día acudí a la parroquia de San José de Calasanz, situada en el madrileño barrio de Vallecas, para ver en directo el trabajo que realiza la organización caritativa de la Iglesia católica en España. En concreto, iba a hablar con los responsables de Cáritas de la parroquia y les iba a poder acompañar en uno de sus días de trabajo.

La parroquia de San José de Calasanz está situada en la calle de la Imagen, 12. Cuando uno gira por avenida de Entrevías y enfila la calle del templo, estrecha y atestada de casas y comercios, no se espera encontrarse con ninguna iglesia. La parroquia está perfectamente integrada en la callejuela, tanto que si uno no camina con atención puede pasarte desapercibida.

A mí me resultó fácil localizarla. Frente a su puerta, un reguero de gente hacía cola esperando a que el reloj marcara las 10:00, hora en la que comenzaba la atención en Cáritas. Yo llegué pocos minutos antes. Entonces me presentaron a los voluntarios, visité las modestas instalaciones y me coloqué en una silla, desde donde podría observar todo lo que allí pasara.

En torno a una mesa situada en un pequeño cuarto rectangular se habían sentado tres voluntarios y el párroco. A las 10:00 empezó a entrar la gente, de uno en uno. De forma sencilla iban pasando y explicando sus necesidades. Los voluntarios les tomaban los datos. Unos necesitaban comida; otros, que les ayudaran con el pago de las vacunas de los hijos; algunos necesitaban ayuda con los recibos del agua o de la luz…

Osman fue uno más de aquella larga fila de personas. Entró en la habitación, como ya he dicho antes, con una sonrisa en la cara. Venía para pedir comida. Lo poco que ganaba en el trabajo no era suficiente para poder alimentar a su familia y ofrecerle una vida digna. Me impresionó su optimismo a pesar de encontrarse en una situación límite. Antes que él había pasado por la habitación de Cáritas una veintena de personas, pero por alguna razón él me conmovió. Justo antes de que se marchara por la puerta le pedí permiso al párroco para poder hablar más tranquilamente con Osman.

En aquel instante supe que había algo fuera de lo común en su historia. A simple vista parecía, aunque suene duro, un inmigrante más, en este caso de un país de Centroamérica, que había llegado a nuestro país con el sueño de hacer dinero para enviar a su familia. Pero lo que me contó, que profundizamos en muchas otras entrevistas, me dejó helado. Su historia no era la de aquel que venía a cumplir el «sueño americano», pero a la española. Osman y su familia venían huyendo de la muerte. Habían tenido que dejar su país de forma clandestina y precipitada, perseguidos por una peligrosa banda criminal. Si los encontraban, él, su esposa, Yadira, y sus dos hijos serían asesinados de forma cruel. Y lo peor de todo es que el crimen quedaría impune. Nadie iba a investigar su muerte. Nadie iba a interceder por ellos. Nadie, por miedo, se atrevería a alzar la voz contra sus asesinos. La amenaza no era imaginaria. Los propios sicarios habían telefoneado a Osman para decirle que ya salían hacia su casa para matarlos.

No servía de nada acudir a la policía. Cuando lo había hecho con anterioridad, los sicarios le dijeron que sabían que había acudido a las autoridades y lo que les había dicho. Tenían que huir y tenían que hacerlo ya si no querían figurar en la larga, muy larga, lista de personas asesinadas en Honduras por las maras.

Consiguieron milagrosamente escapar y recalaron en España, donde han ido sobreviviendo gracias a la ayuda, entre otros, de Cáritas. Fue allí, donde acudían a pedir alimentos, donde yo pude conocer su historia y donde se empezó a gestar este libro.

Me gustaría que esto fuera una novela, pero por desgracia no lo es. No es ficción, es la vida real. Es la historia de una persona (Osman y su familia) con la que se han podido cruzar por la calle. Es la historia de uno de nuestros vecinos, que quizás porque lucía una sonrisa en la cara no hemos caído en la cuenta de que necesitaba ayuda.

Pero la de Osman no es una historia inusual. Son muchos los que hoy, en pleno siglo XXI, sufren y está en nuestras manos paliar su situación. Habrá incluso quien, por su posición, podrá erradicar la lacra de la pobreza y la violencia de nuestro país.

Sueño con que esta obra, basada en hechos reales, contribuya a cambiar nuestra mirada sobre los inmigrantes. Me gustaría que desterráramos de una vez por todas los prejuicios contra el otro, que dejáramos de meter a todas las personas que recalan en España en el mismo saco y nos acercáramos con humanidad a sus historias. Estoy convencido, y en muchos casos lo he podido comprobar, de que nadie deja su país, sus raíces, su cultura, por gusto. Muchas veces salen por necesidad y está en nuestra mano despreciarles o, como he decidido hacer en mi caso, tenderles la mano. Que levante la mano quien se apunte.

II

Osman podría haber sido uno más de todos los que desfilaron ante mí aquella mañana, pero por alguna extraña razón, a la que yo llamo Providencia, reparé en su sonrisa y en su historia. De no haberme detenido para hablar con él, este libro estaría en blanco y ustedes no podrían haber conocido su historia. Tampoco Osman podría haberme contado su historia, ni salir adelante en España, sin la ayuda de Cáritas. Desde la institución caritativa de la Iglesia le daban esperanza y alimento. Y eso no lo hacen solo con él. La Iglesia, a través de Cáritas, ayuda a más de tres millones de personas. Su labor es inmensa, pero, desgraciadamente, no es suficiente. Y es ahí donde entramos tú y yo, donde entran cada uno de los ciudadanos de este país. Hay muchos otros Osman viviendo en nuestra ciudad, en nuestros barrios, incluso quizás en nuestra misma calle o edificio. Personas a las que les han quitado (o lo han perdido) todo. No me toca a mí juzgar las circunstancias de por qué alguien acaba en la calle o arruinado o pensando que la vida no tiene sentido. Lo que creo que sí me corresponde a mí es ayudar a la persona que tengo a mi lado y esto no lo digo solo porque quizá en alguna ocasión yo me vea también en la necesidad de pedir ayuda. Me corresponde a mí ayudar al otro por el simple hecho de que es un ser humano, con toda su dignidad, hijo de Dios, hermano en el amor.

No todo el mundo ve en el otro a un hermano. Para ello no puedes tener el corazón, el alma ni los sentidos embotados. Solo el que, conscientemente, vive pendiente de su prójimo se dará cuenta de que ese prójimo que necesita ayuda está mucho más cerca de lo que él pensaba. Es frecuente que cuando se piensa en realizar alguna labor de voluntariado instintivamente uno suele pensar en el extranjero. «Me iré a Calcuta a ayudar a las Misioneras de la Caridad, cruzaré el Atlántico para colaborar con las patronas de México, cogeré un vuelo hasta Etiopía para ayudar a la organización VIHVE con los enfermos de Sida…». Todas estas son labores encomiables, necesarias, urgentes, en las que yo mismo he colaborado. Pero quizá no hace falta irse tan lejos para ayudar al que lo necesita. Sirva de ejemplo el recorrido que un amigo hace por las calles del centro de Madrid repartiendo café y bollos a las personas sin techo que se encuentra. Cuando me propuso el recorrido pensé: «¿Qué pobres vas a encontrar en las calles Goya y Alcalá?». Pues cada sábado reparte no menos de veinte cafés a los indigentes, con los que tiene un rato de conversación.

No solo necesita de nuestra ayuda el que carece de recursos materiales. Hoy son muchos los que carecen de recursos mentales, espirituales, recursos para enfrentarse a la vida. Incluso hay gente que tiene tantos recursos que lo que le falta es nuestra ayuda para enseñarle a compartirlos…

Con este epílogo no solo estoy pidiendo que atendamos las necesidades del pobre que acabamos de caer en la cuenta de que vive en la última esquina de nuestra calle, que también. Lo que pido es que cada uno piense, en conciencia, quién es su prójimo y qué puede hacer por él. La respuesta a esta pregunta a alguno le llevará a dar una moneda al pobre de la puerta de la iglesia; otro realizará un donativo periódico a Cáritas; otro quizás vaya a visitar a su abuela, a la que hace mucho que no ve; otro se parará a conversar con esa persona que está sola; otro acompañará a un amigo a ver una película que le apetece; otro…

José Calderero de Aldecoa lleva casi una década ejerciendo el periodismo. Ha pasado por las redacciones de Europa Press, La Razón, Onda Cero, El

Confidencial Digital o La información. Actualmente, trabaja en el semanario Alfa y Omega, que pertenece al Arzobispado de Madrid y se distribuye los jueves junto al diario ABC.

Como periodista, ha escrito un gran número de reportajes en el ámbito socio-religioso y ha podido entrevistar a personas de la talla de Lorent Saleh, activista de derechos humanos de Venezuela, que fue torturado durante cuatro años por el régimen de Nicolás Maduro y que en 2017 ganó el Premio Sajarov concedido por el Parlamento Europeo.

www.ingramcontent.com/pod-product-compliance
Lightning Source LLC
LaVergne TN
LVHW090150180726
843489LV00006B/1970